Psychoanalyse

Anna Freud hat das Werk ihres Vaters entscheidend weitergeführt und einen wesentlichen Beitrag zur Psychoanalyse geleistet, insbesondere auf dem Gebiet der Abwehrmechanismen.

Psychoanalyse

von Daniel Lagache

Humboldt-Taschenbuchverlag

humboldt-taschenbuch 168
10 Abbildungen

Deutsche Taschenbuchbearbeitung der französischen Originalausgabe
»La Psychanalyse« in der Reihe »Que sais-je?«,
übersetzt von Barbara Vaccaro.

Inhalt

Bildquellennachweis

Bilderdienst Süddeutscher Verlag: 7, 63, 77, 97, 115
Keystone: 21
Ullstein Bilderdienst: 2, 27
„du", Zürich: 35, 53

Einleitung

Das Wort Psychoanalyse wird vielfach vage und zu allgemein verwendet. Strenggenommen umfaßt dieser Begriff jedoch nur die Forschungs- und Behandlungsmethoden Freuds und die von ihm entwickelten Theorien. Bei den »Dissidenten«, die Spezialausdrücke prägten, um ihre eigenen Methoden und Lehren zu bezeichnen – so wie Jung die »Analytische Psychologie« oder Adler die »Individualpsychologie« –, besteht darüber kein Zweifel.

Für Freud selbst umfaßt der Begriff der Psychoanalyse drei Dinge: »Psychoanalyse ist der Name 1. eines Verfahrens zur Untersuchung seelischer Vorgänge, welche sonst kaum zugänglich sind; 2. eine Behandlungsmethode neurotischer Störungen, die sich auf diese Untersuchung gründet; 3. eine Reihe von psychologischen Einsichten, die alle allmählich zu einer neuen wissenschaftlichen Disziplin zusammenwachsen« (1922).

Von der eigentlichen Psychoanalyse muß die Anwendung psychoanalytischer Erkenntnisse auf verschiedenen Gebieten der Humanwissenschaft und der praktischen Psychologie unterschieden werden. Es geht hier nicht um psychoanalytische Forschung an sich, sondern lediglich um Annahmen, und der Grund zu dieser oder jener Annahme gibt keineswegs eine Gewähr für ihre Gültigkeit, die ja letztlich doch von der in dem jeweiligen Anwendungsbereich möglichen Verifizierbarkeit abhängt.

Sigmund Freud, der Begründer der Psychoanalyse, hat mit seinen Erkenntnissen und Theorien über die menschliche Psyche bahnbrechend gewirkt. Zuerst lebhaft umstritten, bildet die Freudsche Lehre bis heute die Grundlage des psychoanalytischen Denkens.(s. S. 8).

DEUTSCHE
LUFT HANSA

Historische Entwicklung

Die vor-psychoanalytische Zeit

Die Entstehung der Psychoanalyse geht auf das letzte Jahrzehnt des 19. Jahrhunderts zurück. Die zehn Jahre davor brachten mit ihren guten Ergebnissen auf dem Gebiet der medizinischen Psychologie verschiedene Fakten, die die Entwicklung der Psychoanalyse begünstigten.

Chronologisch gesehen ist da zunächst der Fall Anna O ... Sie wurde in der Zeit von 1880–1882 von Dr. Joseph Breuer aus Wien behandelt, dessen Beobachtungen man allerdings erst 1895 in den »Studien über Hysterie« (Breuer und Freud) veröffentlichte. Der Fall an sich war Freud jedoch seit langem bekannt.

Die Kranke, 21 Jahre alt, hochintelligent, war hysterisch. Ihr Krankheitsbild: Krämpfe in den Gliedmaßen mit Anästhesie der rechten und manchmal auch der linken Seite, Störungen der Augenmotilität und des Sehvermögens, Schwierigkeiten beim Aufrechthalten des Kopfes, starker nervöser Husten, Appetitlosigkeit und Unfähigkeit zu trinken (trotz starken Durstgefühls), Geistesabwesenheit. Die Neurose hatte sich eingestellt, als das junge Mädchen ihren kranken Vater, den sie über alles liebte, pflegte. Der Vater starb an der Krankheit. Das Mädchen konnte ihn nicht bis zu seinem Tode pflegen. Breuer beobachtete die Kranke sehr aufmerksam: er stellte fest, daß sie in Zeiten geistiger Abwesenheit Worte vor sich hinmurmelte, die mit ihren geheimsten Sorgen in Zusammenhang zu stehen schienen. Er versetzte sie in Hypnose und wiederholte ihr diese Worte. Die Kranke ihrerseits wiederholte sie und beschrieb ihre traurigen Phantasiegebilde, in denen ein junges Mädchen am Bett seines kranken Vaters vorkam. Als sie auf diese Weise eine ganze Anzahl ihrer Wachträume wiedergegeben hatte, empfand sie Erleichterung und nahm wieder ein normales Leben auf. Am Tag darauf verschlechterte sich ihr Zustand, und nach einer zweiten Sitzung trat die Besserung wieder ein. Die Kranke, die zu der Zeit nur englisch redete, sprach von einer »talking cure« und von »chimney sweeping« (Besprechungskur, Schornsteinfegen). Die Symptome verschwanden, sobald sie sich mit affektiver Äußerung an die Gelegenheit erinnerte, bei der sie zum erstenmal aufgetreten waren. So stellte sich die Unfähigkeit zu trinken ein, als der kleine Hund ihrer Gouvernante, die sie nicht leiden konnte, aus einem Glas getrunken hatte. Aus Höflichkeit hatte sie nichts gesagt, aber plötzlich war es ihr unmöglich zu trinken. Am Ende ihrer Schilderung zeigte sie eine heftige Wut, die sie bisher zurückgehalten hatte. Dann bat sie um etwas zum Trinken, trank eine große Menge Wasser und erwachte aus der Hypnose, das Glas hielt sie noch am Mund. Die Störung verschwand für immer. Breuer untersuchte nun systematisch alle diese Symptome und kam zu folgenden Feststellungen: die Symptome gingen auf verschiedene psychische Traumata zurück, und die Aufdeckung eines Traumas der jüngeren Vergangenheit ging jeweils der Aufdeckung eines weiter zurückliegenden Traumas voraus. So wurden nach und nach alle Symptome beseitigt, bis Breuer, von der Entwicklung einer »Übertragungsliebe« überrascht, die Flucht ergriff und die Behandlung unterbrach (Freud). Breuer hatte die »kathartische« (aus dem Griechischen: *catharsis*, Reinigung) Behandlung im Zustand der Hypnose erfunden, die er dann später zusammen mit Freud weiter untersuchte (1895).

1882 berichtete J.-M. Charcot, Klinikprofessor für Nervenkranke, über die nervösen Zustände, die durch die Hypnotisierung von Hysterikern hervorgerufen werden, wie beispielsweise Lethargie, Katalepsie und Somnambulismus. Charcot und seine Kollegen an der Pariser *Salpêtrière* waren zu der Erkenntnis gekommen, daß diese Erscheinungen eindeutig nur bei Hysterikern auftreten. Es wurde allgemein sehr viel über Hypnose und Hysterie geschrieben. 1884–1885 wies Charcot in seinen Vorlesungen über die hysterischen Lähmungen nach, daß bestimmte Beziehungen zwischen diesen Lähmungen und den emotionalen Traumata, den Vorstellungen und Befürchtungen, die der Kranke im Hinblick auf das physische Trauma hat, bestehen. Dieser Auffassung schloß sich auch Moebius (1888) an.

Die Schule von Nancy war mehr auf das Klinische, das Therapeutische ausgerichtet. Nach Bernheim (1884) beruht die Hypnose auf einer natürlichen Leichtgläubigkeit, und die Erfahrung zeigte, daß die meisten Leute sich sehr leicht hypnotisieren lassen. Er war wenig an Psychologie und vor allem an den praktischen therapeutischen Wirkungen der Suggestion interessiert. Bernheim übte Kritik an der Schule der *Salpêtrière* und behauptete, die von Charcot beschriebenen drei Stadien der Hypnose seien nichts als Theorie. Nach Ansicht von Pierre Janet war Bernheim im Recht.

Pierre Janet seinerseits hatte schon in seinen ersten Untersuchungen (1886–1889) die pathogene Wirkung vergessener Erinnerungen an Ereignisse, die heftige Gemütsbewegungen ausgelöst haben, festgestellt. Diese Beobachtungen sind in seinem Werk *Automatisme psychologique* (1889) aufgezeichnet. Die traumatische Erinnerung kann nicht im Wachzustand wiedergegeben werden, sondern nur dann, wenn man den Kranken in einen Trancezustand versetzt. Ließen Störungen oder Verschweigungen des Kranken auf Bewußtseinslücken schließen, dann bestand die Behandlung darin, herauszufinden, ob nicht die Träume, der Somnambulismus oder das automatische Schreiben verborgene Erinnerungen aufdeckten. Die Dissoziation der Erinnerung war nach Janet auf einen rein mechanischen Vorgang, die psychologische Schwäche, zurückzuführen, und nicht auf einen dynamischen Vorgang der Verdrängung.

Für die Seelenheilkunde in den Jahren zwischen 1880 und 1890 lassen sich zusammenfassend folgende Charakteristika aufzeigen:

1. Man interessiert sich für die Neurosen und insbesondere für die Hysterie;
2. die Hypnose wird in der Forschung eingesetzt;
3. man entdeckt die pathogene Wirkung unbewußter Erinnerungen an traumatische Erlebnisse;
4. die therapeutische Wirkung der Hypnose, der Suggestion und der Katharsis wird genutzt.

Freud (1856–1939)

Über das Leben Sigmund Freuds haben er selbst und verschiedene andere (Sachs, E. Jones) berichtet. Er wurde 1856 in Freiberg in Mähren geboren. 1860 zog seine Familie nach Wien. 1873 begann er dort sein Hochschulstudium. 1876 bis 1882 arbeitete er im Laboratorium von Brücke (Histologie des Nervensystems). 1881 erwarb er den medizinischen Doktorgrad. 1882 verließ er das Laboratorium und widmete sich der inneren Medizin und der Neurologie. 1884 begann er seine Untersuchungen über die medizinische Anwendung des Kokains. Er stand kurz vor der Entdeckung der anästhesierenden Wirkung des Kokains, verlobte sich dann jedoch und brach seine Arbeit ab. 1885 ging er als Privatdozent der Neuropathologie zum erstenmal nach Frankreich und arbeitete dort mit Charcot zusammen. Nach einem Aufenthalt in Berlin veröffentlichte er grundlegende Arbeiten über die kindliche Enzephalopathie. 1886 ließ er sich als Arzt in Wien nieder, gab die Elektrotherapie auf und wandte sich der Hypnose und der Suggestion zu. 1889 bestärkte ihn ein Aufenthalt bei Bernheim und Liébeault in Nancy weiter in seiner Ansicht, daß die hypnotische Suggestion durchaus ihre Grenzen hat. Gegen Ende des Jahrzehnts begann er mit der Anwendung der Methode Breuer. 1893 veröffentlichte er seine erste Arbeit »Über den psychischen Mechanismus hysterischer Phänomene«. 1895 gab er zusammen mit Breuer »Studien über Hysterie« heraus. Freud war also keineswegs nur ein Mann der Praxis und noch weniger ein Empiriker: dank seiner wissenschaftlichen und medizinischen Bildung gehörte er zu den bestinformierten Neurologen seiner Zeit. Hinzu kam eine ausgezeichnete Allgemeinbildung und eine überaus große Aufgeschlossenheit für theoretische Zusammenhänge. Anscheinend waren es auch persönliche Probleme, die ihn veranlaßt haben, sich mit der Psychoanalyse und der Traumdeutung zu befassen. Alle diese Dinge haben bei der Entstehung der Psychoanalyse eine Rolle gespielt.

Die Entstehung der Psychoanalyse

Im letzten Jahrzehnt des 19. Jahrhunderts befaßte sich Freud mit der psychologischen Behandlung von Neurotikern und vor allem Hysterikern, und am Ende einer ganzen Reihe von Untersuchungen stand die Entdeckung der Psychoanalyse. Zunächst wandte er in Zusammenarbeit mit Breuer die kathartische Methode an: der Arzt versetzt den Patienten in Hypnose und stellt ihm Fragen nach dem Beginn der Krankheitssymptome, Fragen, die eine entsprechende emotionale Entladung bewirken sollen. Auf diese Weise zeigte er, daß die hysterischen Symptome auf zurückliegenden Störungen emotionaler Art beruhen. Diese störenden Erlebnisse können vom Bewußtsein völlig verdrängt werden, durch die Hypnose werden sie jedoch wieder in Erinnerung gerufen. Freud schätzte die Hypnose nicht sonderlich: es ließ sich keine dauerhafte therapeutische Wirkung erzielen, außerdem war das Verfahren unsicher und kam ein wenig der Zauberei nahe, auch konnte er immer nur einen Teil der Kranken hypnotisieren. Das alles veranlaßte ihn, sich für kurze Zeit – er begann nach 1895 und hörte schon vor 1899 auf – der Suggestion im Wachzustand zuzuwenden: der Arzt legt dem Patienten die Hand auf die Stirn und versichert ihm, er könne sich an das Vergangene erinnern. Hier kam Freud auf die Erkenntnisse Breuers zurück und bewies, daß die traumatischen Erlebnisse nicht wirklich vergessen sind. Aber diese Methode ist zu mühsam. Der Therapeut trifft auf den Widerstand des Kranken; um ihn jedoch mit Erfolg behandeln zu können, muß dieser Widerstand beseitigt, das heißt die Verdrängung, die auf der Abwehr des Kranken gegen unerwünschte Tendenzen beruht, muß aufgehoben werden. So entstand die Methode, den Patienten allmählich von jeder kritischen Einstellung abzubringen; das so erhaltene Material wurde gedeutet. Das Postulat des seelischen Determinismus geht davon aus, daß alle Phänomene das Resultat vorgegebener Bedingungen sind. Daraus ergibt sich die »Grundregel« von der »freien Assoziation«, die dem Patienten vorschreibt, alles auszudrücken, selbst wenn ihm ein Gedanke unangenehm, absurd, überflüssig, für den Zusammenhang unwichtig erscheint. Das Aussprechen von Gedankenassoziationen ist gleichzeitig eine Befreiung von verdrängten Affekten. Die Deutung dieses Materials – zugleich Forschungsmethode und Behandlungstechnik – bezeichnete Freud mit dem Begriff der Psychoanalyse. Die Entdeckung der Übertragung sollte die wesentlichen Grundlagen bald ergänzen: zum erstenmal wurde dieses Thema in den »Studien über Hysterie« (1895) und in der Analyse des Falles Dora, die 1899 abgeschlossen, aber erst 1905 veröffentlicht wurde, angeschnitten. Bei der Übertragung erinnert sich der Patient nicht, sondern verhält sich dem Analytiker gegenüber so, wie er sich in seiner Kindheit Menschen seiner Umgebung gegenüber verhalten hat. Die Beobachtung der Gegenwart verschaffte dem Analytiker den Zugang zur Vergangenheit, gleichzeitig lernte der Patient, mit den Gefühlen umzugehen, mit denen er in der Vergangenheit nicht hatte fertig werden können und gegen die er sich dadurch gewehrt hatte, daß er sie aus dem Bewußtsein ausschaltete.

Die ersten Theorien

Mehr als zehn Jahre, bis 1906, war Freud praktisch der einzige Vertreter der neuen Disziplin. Er veröffentlichte einige grundlegende Arbeiten wie »Die Traumdeutung« (1899), »Zur Psychopathologie des Alltagslebens« (1904), »Drei Abhandlungen zur Sexualtheorie«, »Der Witz und seine Beziehung zum Unbewußten« (1905). Die Koordinierung seiner Beobachtungen und Ansichten verdichtete sich zu einer Gesamtschau des Seelenlebens: Ausgangspunkt war der Dualismus zwischen dem Sexualtrieb, der der Erhaltung der Art dient, und dem Ichtrieb, der nach der Selbsterhaltung des Individuums strebt. Es ist die Aufgabe des psychischen Apparates, unangenehme Spannungen entweder durch ihre Entladung oder durch einen endopsychischen Vorgang der Abwehr und Verdrängung abzubauen. So bildet das Bewußtsein nur die äußere Schicht des psychischen Apparates, der großenteils im Unbewußten liegt. Die in das Unbewußte verdrängten Tendenzen versuchen sich einen Weg zu bahnen; sie gehen zum Beispiel in die Träume oder in neurotische Symptome ein. Sie wurden während der Entwicklung der kindlichen Sexualität verdrängt. Diese Entwicklung, die mit der Geburt beginnt, erreicht ihren Höhepunkt zwischen dem dritten und fünften Lebensjahr mit dem Ödipuskomplex, das heißt mit der Bindung des Kindes an den gegengeschlechtlichen Elternteil und einer entsprechenden Feindseligkeit gegenüber dem gleichgeschlechtlichen.

Die Entwicklung der Psychoanalyse (1905–1920)

Die Zeit zwischen 1905 und 1920 steht zunächst unter dem Zeichen einer aufkommenden psychoanalytischen Bewegung. Schon seit 1902 hatten sich einige Ärzte um Freud versammelt. Um 1906 erlangte die psychoanalytische Arbeit mit Bleuler und Jung in Zürich eine gewisse Bedeutung. In den Jahren darauf kamen als neue Anhänger Ernest Jones (Toronto, später London), Karl Abraham (Berlin) und Sandor Ferenczi (Budapest) hinzu. Insgesamt wurde die Psychoanalyse in Deutschland mit Vorbehalten und in den Vereinigten Staaten und England mit großem Interesse aufgenommen. In den romanischen Ländern blieb sie unbekannt. Erst nach dem Ersten Weltkrieg kam es zu einer internationalen Verbreitung der Psychoanalyse (1920 bis 1922). Von der psychoanalytischen Praxis her gesehen, ist für diese Zeit bemerkenswert, daß man sich mehr und mehr der Bedeutung der Widerstände und der Übertragung bewußt wurde. Die meisten seiner Fachschriften veröffentlichte Freud zwischen 1912 und 1919. Die Angaben der Psychoanalyse werden genauer. Man kommt nicht mehr ohne die didaktische Analyse aus. Die systematische Darstellung der Materie unterstreicht die entscheidende Bedeutung der Entwicklungsanomalien des Ödipuskomplexes für die neurotische Pathogenese; darüber hinaus beginnt mit ihr die Psychologie des Ichs (Freud, »Zur Einführung des Narzißmus«, 1914). Zwei der Anhänger Freuds, Adler und Jung, sagten sich 1911 von ihm los. Adler stellt statt der Sexualität die Aggression in den Vordergrund und statt des Ichs das Unbewußte. Der stark vom Religiösen und Moralischen bestimmte Jung betont das kollektive Unbewußte statt des individuellen und ersetzt die sexuelle Deutung des Ödipuskomplexes durch eine symbolische. Methodisch gesehen, verschiebt sich der Akzent vom Konflikt der Vergangenheit auf den Konflikt der Gegenwart, man geht eher moralisierend vor, die Analyse der Widerstände und der Übertragung tritt dahinter zurück.

Die Änderung der Theorie

Nach ersten Anzeichen in früheren Arbeiten wurde die Theorie ab 1920 in entscheidenden Punkten neu formuliert. Das gilt vor allem für die Triebtheorie und die Theorie des psychischen Apparats.

Die neue Trieblehre Freuds unterscheidet Lebenstriebe (Sexualität, Libido, Eros) und Todes- bzw. Aggressionstriebe (Thanatos). Von Anfang an hatte die Psychoanalyse die Bedeutung des Hasses und der Ambivalenz erkannt, die Aggression jedoch ordnete man der Frustration zu, man sah sie in Zusammenhang mit der Sexualität. Die Fortschritte der klinischen Untersuchungen, vor allem die Entdeckungen auf dem Gebiet der Zwangsvorstellungen und der Melancholie, zeigten, daß man ihre Rolle bisher unterschätzt hatte. In »Jenseits des Lustprinzips« (1920) geht Freud besonders auf die Erscheinungen der Wiederholung (Spiel der Kinder, traumatische Neurosen, Schicksalsneurose, Übertragung) sowie auf biologische Gesichtspunkte ein und spricht von einer primitiven Tendenz zur Selbstzerstörung: noch stärker als die Lebenstriebe führen die Todestriebe über den Abbau von Spannungen zur Wiederherstellung eines früheren, des anorganischen Zustands und zur Wiederholung. Todestriebe lassen sich als solche schwer erkennen, sie äußern sich in Abwehrhaltungen, in äußeren Erscheinungsformen (Paranoia), in Verbindung mit libidinösen Trieben (Sadismus, Masochismus) und in der Wendung gegen das Ich (Melancholie).

Die neue Theorie des psychischen Apparates unterscheidet drei Instanzen: das Es, das Ich und das Überich (1923). Bisher sprach man nur von der Instanz des Unbewußten, die das Verdrängte enthielt, und von der Instanz des Vorbewußten, der das Bewußte zur Verfügung stand. Zwischen beiden Instanzen befand sich die »Zensur«. Die Abwehrmechanismen, das heißt die verdrängenden Kräfte, wirken jedoch unbewußt, folglich besteht das Unbewußte nicht nur aus Verdrängtem. Nach der neuen Auffassung ist das Es der Sammelpunkt der verdrängten Triebe

und Wünsche. Das Ich, die Differenzierung des Es im Realitäts-
bezug, kontrolliert den Zugang zur Wahrnehmung und zur
Handlung. Das Überich, die Differenzierung des Ichs, entsteht
in der Endphase des Ödipuskonflikts durch die innere Annahme
idealisierter Vorstellungen von den Eltern, den ersten Liebes-
objekten. Diese Identifizierung ist der Ursprung des Gewissens,
sie ist die Grundlage der Selbstachtung und der Schuldgefühle.
Das Zusammenwirken von Ich und Überich bildet die Barriere
gegen verdrängte Triebe und Wünsche.

Diese neuen Schwerpunkte wirkten sich erheblich auf Praxis
und Theorie der Psychoanalyse aus. Für die Entwicklung der
Persönlichkeit und die Dynamik der Konflikte ergaben sich nun
zwei wesentliche Folgerungen: 1. Die Psychoanalyse geht in ihren Erklärungen nicht mehr von Triebkonflikten aus, sondern
vom Ich, das sich gegen Triebe und Emotionen wehrt. 2. Unter
Trieben versteht man nicht mehr nur die Sexual-, sondern auch
die Aggressionstriebe. Die Bedeutung, die von nun an der Abwehr des Ichs und der Aggressivität zugemessen wird, gibt der
Psychoanalyse eine neue Ausrichtung, die sich wesentlich von
der auch noch heute vielfach herrschenden Klischeevorstellung
(Pansexualismus) unterscheidet.

Die heutigen Tendenzen

Die heutigen Tendenzen sind weiterhin bestimmt durch das
Freudsche Denken. Bis zu seinem Tod (1939) verfaßte er noch
mehrere wichtige Werke (1926 »Hemmung, Symptom und
Angst«). Die Psychoanalyse breitete sich in England und in den
Vereinigten Staaten geradezu stürmisch aus, in den deutsch-
sprachigen Ländern ging ihre Bedeutung zurück, und in den ro-
manischen Ländern bildeten sich beachtenswerte Gruppen. In
Frankreich kann man ab 1926 von einer psychoanalytischen
Bewegung sprechen.

Die Psychoanalyse machte methodisch, klinisch, theoretisch und
praktisch weiterhin Fortschritte und setzte ihre Entwicklung in
neuen Formulierungen der Freudschen Lehre fort, wobei einige
der ersten Erkenntnisse (der Begriff der Abwehr) wieder in den
Vordergrund rückten. Die therapeutischen Mißerfolge und die

theoretischen Schwierigkeiten haben die Psychoanalytiker veranlaßt, nach besseren Lösungen zu suchen. Geht man schematisch vor, lassen sich drei Haupttendenzen feststellen.

Eine der Richtungen ist bestrebt, in die tieferen Schichten des Unbewußten vorzudringen, auf die noch entferntere Vergangenheit zurückzugreifen. Nach Karl Abraham (1877–1925) wird diese Richtung vor allem durch die »britische« Schule und von Melanie Klein vertreten, die den Konflikten der frühesten Kindheit grundlegende Bedeutung zumißt. Die von Freud beschriebenen später auftretenden Konflikte, wie Kastrationsangst und Penisneid, lassen ihrer Meinung nach zwar nicht eigentlich falsche, aber doch nur verhältnismäßig oberflächliche Schlüsse zu.

Bei der zweiten Richtung wird das Hauptgewicht auf die aktuellen Konflikte des Individuums in seiner Beziehung zur Umwelt gelegt. Eine typische Vertreterin dieser Auffassung ist Karen Horney. Sie sieht den »Neurotiker unserer Zeit« (1937) zwischen dem Bedürfnis nach passiver Abhängigkeit und der Verteidigung gegen eine feindliche Gesellschaft stehen. Die Therapie konzentriert sich auf die Verhaltensstrategie, die das Ich in seiner Auseinandersetzung mit der Welt anwendet.

In der »freudianischen« Richtung schließlich muß die integrative Funktion des Ichs sowohl in seiner Beziehung zur inneren als auch zur äußeren Triebwelt untersucht werden. Typische Vertreterin dieser Richtung ist Anna Freud; sie unterstreicht die Gleichartigkeit der vom Ich in bezug auf die inneren und äußeren Reize angewandten Abwehrmechanismen. Die ideale Therapie soll sich auf eine breite Ausgangsbasis stützen, die die Gesamtheit der Beziehungen des Menschen zur Umwelt und zu sich selbst umspannt, um von da aus rückwärts den Entstehungsprozeß der Neurose Schritt für Schritt bis hin zu den entscheidenden Phantasmen und Konflikten zu verfolgen.

Die psychoanalytischen Perspektiven

Um die psychoanalytischen Schriften verstehen zu können, sollte man sich klarmachen, daß Freud bei seiner Untersuchung seelischer Vorgänge verschiedene Standpunkte eingenommen hat. Seiner Ansicht nach gibt die Metapsychologie die vollständigste Beschreibung, da sie den dynamischen, den ökonomischen und den strukturellen Standpunkt berücksichtigt.

Aus dynamischer Sicht gesehen, beschränkt sich die Psychoanalyse nicht auf die Beschreibung seelischer Vorgänge, sondern erklärt sie durch das Aufeinander- und Gegeneinanderwirken von Kräften, mit anderen Worten, durch den Konflikt. Hier ein Beispiel: eine Person wird gekränkt und fühlt eine Regung der Wut, beherrscht sich aber aus Angst vor einer Gegenreaktion. Dieser verhinderte Wutausbruch verändert den Zustand des Organismus und seine Beziehungen zur Umwelt. Anders ausgedrückt: die den Konflikt auslösenden Kräfte sind die Triebe biologischen Ursprungs (Sexual-, Aggressionstriebe) und Gegentriebe sozialen Ursprungs.

Die ökonomische Auffassung betont den quantitativen Aspekt der den Konflikt auslösenden Kräfte. Der Mensch kann von Geburt an eine mehr oder weniger stark ausgeprägte Aggressivität oder Sexualität haben. Die Triebenergie ändert sich in bestimmten kritischen Phasen (Pubertät, Wechseljahre). Die Stärke der Triebe und Gegentriebe ist für die Entwicklung des Konflikts entscheidend. Die Triebenergie kann sich verlagern. Bleiben wir bei dem genannten Beispiel der Wut: die gegenüber einem überlegenen Gegner nicht zum Ausbruch gekommene Aggressivität kann sich in einer anderen Situation, zum Beispiel bei einem weniger gefürchteten Gegenüber, entladen. Für die Psychoanalyse, eine im wesentlichen klinische Disziplin, sind Messungen hier nur begrenzt möglich; die Untersuchungen werden vorteilhaft durch Experimente mit Tieren (Tendenzmessungen, experimentelle Untersuchung des Konflikts) ergänzt.

Die topische oder strukturelle Auffassung geht von der Struktur des Psychischen aus. Wie bereits ausgeführt, hatte Freud die Gegenüberstellung von Vorbewußtem und Unbewußtem durch die Gliederung in drei Instanzen, das Es, das Ich und das Überich, die auf unterschiedliche Weise in den Konflikt eingreifen, ersetzt. Diese Persönlichkeitsinstanzen unterscheiden sich ebenfalls nach ihrer jeweiligen Stärke und ihrem Ursprung.

Die Verbindung von dynamischen, ökonomischen und strukturellen Perspektiven gibt noch keine sehr klare Vorstellung von dem, was Freud unter Metapsychologie versteht. Die ähnlich lautenden Begriffe »Metaphysik« und »Metapsyche« führen unter Umständen zu Unklarheiten. Die zum Thema »Metapsychologie« veröffentlichten Arbeiten behandeln recht unterschiedliche Gebiete: Grundlagen der Seelentätigkeit, Verdrängung, Unbewußtes, Narzißmus, Triebumwandlung, Traumtheorie, Theorie der Melancholie und so weiter. Der Begriff der Metapsychologie wird erst dann verständlich, wenn man ihn der klinischen Psychoanalyse gegenüberstellt: während die klinische Psychoanalyse als eine geordnete Sammlung von Fällen und ihrer Deutung anzusehen ist, bewegt sich die Metapsychologie in einigem Abstand von den reinen Fakten; sie geht in Form der theoretischen Begriffsbestimmung vor, setzt sich mit Modellbeispielen auseinander und versucht, auf dem Boden einer allgemein naturalistischen Einstellung kausale Erklärungen zu finden und Hypothesen aufzustellen. Im Grunde haben wir es hier mit einer allgemeinen Psychoanalyse zu tun.

Unter dynamischer Auffassung versteht Freud auch den genetischen Aspekt. Hartmann und Kris schlugen vor, diese beiden Aspekte zu trennen (1946). Vom genetischen Standpunkt aus werden die persönlichen Merkmale und die Verhaltensweisen als Entwicklung gesehen. Freud hat schon sehr früh die Entwicklungsstufen der Triebe und Objektbeziehungen beschrieben. Ein Verhalten, ein persönliches Merkmal, ein Symptom können stets als Regression oder Progression gekennzeichnet werden. Die

Carl Gustav Jung, zuerst ein überzeugter Anhänger Freuds, sagte sich 1913 von ihm los. Seine Theorie vom kollektiven Unbewußten und von den Archetypen bildete die Basis für die sogenannte komplexe oder auch analytische Psychologie.

analytische Psychopathologie hat versucht, die Neurosen und Psychosen vorherrschenden Fixierungspunkten zuzuordnen; so nimmt man für die Zwangsneurose eine sadistisch-anale und für die Melancholie eine orale Fixierung an.

Eine andere Perspektive, die der Objektbeziehungen, hat seit 25 Jahren immer mehr an Bedeutung gewonnen. Dieser Begriff bezeichnet nichts anderes als die verschiedenen Arten der Beziehung eines Individuums zu den Objekten. Diese Objekte sind nicht nur Sachen, sondern auch Personen. Die Objektbeziehungen umfassen also die Gesamtheit der mitmenschlichen Beziehungen. Die Identifizierung mit anderen spielt eine wesentliche Rolle für die Strukturierung des Psychischen. So betonen die meisten psychoanalytischen Theorien neben den Objekten der Außenwelt die große Bedeutung der innerlich angenommenen.

Die grundlegenden Prinzipien

Unter grundlegenden Prinzipien sind ganz allgemein diejenigen zu verstehen, die nach Auffassung Freuds das Seelenleben oder, anders ausgedrückt, das menschliche Verhalten und die menschliche Erfahrung bestimmen. Nach diesen theoretischen Prinzipien wird klinisch und methodisch ständig gearbeitet. Historisch gesehen, bestehen sie seit den Anfängen der Psychoanalyse (1895). Es lassen sich zwei Entwicklungsphasen unterscheiden: in der ersten (bis 1920) versucht Freud, alle Erscheinungen auf das Lust-Unlust-Prinzip zurückzuführen; in der zweiten (nach 1920) spricht er vom »Wiederholungszwang«, der »jenseits des Lustprinzips« wirkt.

Das Konstanzprinzip

Das Konstanzprinzip bezeichnet die Tendenz des psychischen Apparats, die Reizmenge möglichst niedrig oder zumindest möglichst konstant zu halten. Durch Freud von Fechner (1873) übernommen, erscheint der Begriff seit Beginn der Psychoanalyse und wurde bis heute nicht aufgegeben. Er umfaßt sowohl den Prozeß der Entladung, mit dem die Befriedigung einhergeht, als auch die Vorgänge der Abwehr gegen ein Übermaß an Reiz.

Das Lust-Unlust-Prinzip

Das Lust-Unlust-Prinzip wird meistens verkürzt als Lustprinzip bezeichnet und ergibt sich aus dem Konstanzprinzip: jedes

Verhalten hat seinen Ursprung in einem unangenehmen Reiz-zustand und ist darauf gerichtet, diesen Reiz zu verringern, dabei Unlust zu vermeiden und wenn möglich Lust zu erwerben. Das Lustprinzip beherrscht die unbewußten Vorgänge, Reste einer Entwicklungsphase, in der sie die einzigen seelischen Vorgänge (Primärvorgang) darstellten. Ein solcher Zustand ist in etwa im frühen Kleinkindstadium gegeben, in dem das Kind Gegenstand der mütterlichen Fürsorge ist: es täuscht die Unlust, die durch die wachsende Reizmenge und die hinausgezögerte Befriedigung entsteht, durch die motorische Entladung, indem es schreit und strampelt; es »halluziniert« die gewünschte Befriedigung. Bei dem gesunden Erwachsenen äußert sich das Lustprinzip in der Tendenz, sich unangenehmen Eindrücken vor allem durch die Phantasie und den Traum zu verschließen: der Schlaf ermöglicht den Wiedereintritt in ein Seelenleben, das man mit dem Zustand vor dem bewußten Kontakt mit der Wirklichkeit vergleichen kann, denn die Vorbedingung des Schlafs ist ja gerade das Ausschalten der Realität. Der Einfluß des Lustprinzips ist beim Neurotiker noch weit stärker: er empfindet die Wirklichkeit als unerträglich und wendet sich ganz oder teilweise von ihr ab.

Das Realitätsprinzip

Umgekehrt entspricht einer fortschreitenden Entwicklung der wachsende Einfluß des Realitätsprinzips, eines Lustprinzips in veränderter Form, das zwar dieselben Ziele verfolgt, sich aber dabei den Erfordernissen der Umwelt anpaßt. Das Realitäts-prinzip verdrängt das Lustprinzip nicht, es wirkt lediglich als Absicherung: es wird auf die sofortige Befriedigung zugunsten einer späteren, gesicherten Lust verzichtet.

Im Hinblick auf den psychischen Apparat äußert sich die Ersetzung des Lustprinzips durch das Realitätsprinzip folgendermaßen: es werden bewußte Funktionen der Anpassung an die Umwelt entwickelt, die Aufmerksamkeit, das Gedächtnis, das Urteil, das an die Stelle der Verdrängung tritt, werden wirksam, und die motorische Entladung wird durch die der Wirklichkeit angemessene Handlung ersetzt.

Die immer stärker werdende Einwirkung des Realitätsprinzips geht keineswegs gleichmäßig und allgemein vor sich, und die Triebe werden von ihm größtenteils nicht erfaßt. Das gilt vor allem für die Sexualtriebe, die erst später vollständig entwickelt werden. Lange Zeit erfolgt ihre Befriedigung auto-erotisch ohne Anpassung an reale Objekte; der Pubertät geht eine lange sexuelle Latenzperiode voraus, und diese Umstände halten die Sexualtriebe weiterhin im Wirkungsbereich des Lustprinzips; sie bleiben stärker an die Phantasie, an die halluzinatorische Befriedigung und an die Verdrängung gebunden, die auf den geringsten unangenehmen Eindruck reagiert. Hier liegt also eine schwache Stelle der Seelenstruktur, und es leuchtet ein, daß die »Wahl der Neurose« von dem Punkt abhängt, in dem die Entwicklung des Ichs und der Libido gehemmt worden ist.

Im allgemeinen bleiben die unbewußten Vorgänge der Kontrolle durch das Realitätsprinzip entzogen: das Denken befaßt sich mit dem Wirklichen, der Wunsch mit seiner Erfüllung.

Der Wiederholungszwang

Als Wiederholungsautomatismus oder besser Wiederholungszwang bezeichnet man die Tendenz, starke Erlebnisse zu wiederholen. Dabei spielt es keine Rolle, ob die Folgen dieser Wiederholung günstig oder schädlich sind. Seit Beginn seiner psychoanalytischen Arbeit hatte Freud die Bedeutung der Wiederholungsvorgänge erkannt. Mehrere Begriffe, wie Fixierung, Regression und Übertragung, gehören in diesen Zusammenhang. Aber erst nach 1920 wurde die Wiederholung für ihn so wichtig, daß er sie als ein Prinzip der Arbeit des psychischen Apparats ansah, das »jenseits des Lustprinzips« wirkt. Die psychologischen Fakten, auf die er sich stützt, sind weitgehend dem Bereich der traumatischen Neurosen, des kindlichen Spiels, der Schicksalneurose (mehrmals im Leben wiederholen sich die gleichen unerfreulichen Ereignisse) und der Übertragung entnommen. Einige der Wiederholungen lassen sich auf das Lustprinzip zurückführen: so kann zum Beispiel in der traumatischen Neurose und im Leben die Wiederholung den Sinn haben, mit einem schweren Erlebnis fertig zu werden. Es bleibt jedoch ein ungelöster Rest: unglückliche Erlebnisse, unangepaßte Verhaltensweisen wiederholen sich mit tragischer Eintönigkeit; aber diese Wiederholung führt zu Mißerfolgen, verletzt die Selbstachtung. Man kann hier also nicht von einer Wiederholung von Bedürfnissen sprechen, die nach Befriedigung suchen. Sie beruht vielmehr auf einem eigenen Wiederholungsbedürfnis, das außerhalb des Lustprinzips liegt.

Der Begriff des Wiederholungszwangs hat wie die Theorie der Todestriebe, die eng mit ihm verbunden ist, Widerstand und Kritik ausgelöst. Vor allem wurde bestritten, daß sich die als Wiederholungszwang verstandenen Wiederholungsphänomene »jenseits des Lustprinzips« befinden sollen: die regelmäßige Wiederkehr der Triebe ist auf ihre Verwurzelung im Physischen zurückzuführen. Jedesmal wenn ein Triebanspruch geltend gemacht wird, müssen Schuldgefühl und Abwehr des Ichs ebenfalls entsprechend in Aktion treten. Zahlreiche Wiederholungen erklären sich aus der Beharrlichkeit und der Rückläufigkeit der Schuldgefühle. Der Sinn der Wiederholung traumatischer Erlebnisse besteht im wesentlichen darin, einen besseren Ausweg zu finden, die Lage zu bewältigen, die nicht bewältigt wurde: einem Erwachsenen, der in einem Streit die Antwort schuldig geblieben ist, geht die Sache immer wieder durch den Kopf, er sucht nach dem treffenden Argument, das seinen Gegner zum Schweigen bringt. Der Versuch der Bewältigung ist gescheitert, das Bewältigungsbedürfnis besteht weiterhin, folglich kommt es zu einer Wiederholung des Versuchs (Kubie, Fenichel, Hendricks).

Der konservativere Bibring unterscheidet beim Wiederholungszwang zwischen einer repetitiven und einer restitutiven Tendenz. Die repetitive Tendenz ist Ausdruck der Trägheit der Materie, ihre konservative Natur bewirkt ein Behalten und Wiederholen starker Erlebnisse, mögen sie nun angenehm oder unangenehm sein. Wir haben es mit einem Triebautomatismus jenseits des Lustprinzips zu tun. Die restitutive Tendenz übernimmt eine regulierende Funktion. Ihre Aufgabe ist es, die durch traumatische Erlebnisse erzeugten Spannungen zu entladen, und um dies zu erreichen, stellt sie die Wiederholung in den Dienst des Ichs.

Auffällig an den neurotischen Wiederholungen ist die Hartnäk-

Alfred Adler vollzog den Bruch mit Freud 1911. Das von ihm postulierte Macht- und Geltungsstreben bildete die Grundlage für die sogenannte Individualpsychologie.

kigkeit von Verhaltensweisen, die der Wirklichkeit und der Gegenwart nicht angepaßt sind. Das Realitätsprinzip scheitert; das symbolische Denken, das allein in der Lage wäre, den Wiederholungszwang zu durchbrechen, und zwar dadurch, daß es die späteren Folgen der Verhaltensweise bedenkt und die Dinge von höherer Warte sieht, versagt. Mit anderen Worten: die als Wiederholungszwang bezeichneten Verhaltensweisen zeigen genau die Merkmale der primären und unbewußten Vorgänge, gehören also in den Bereich des dem Realitätsprinzip entgegengesetzten Lustprinzips und sind bedingt durch die Schwäche des Ichs, durch sein Unvermögen, sich freizumachen.

Die Beziehungen zur Psychologie

Die vier Prinzipien, die im Vorangehenden definiert und erläutert wurden, finden sich in anderer Form in der heutigen Psychologie wieder. Das Konstanzprinzip (Fechner-Freud) hat viel Gemeinsames mit dem Homöostaseprinzip des Physiologen Cannon und mit den grundlegenden Postulaten zahlreicher Vertreter des Behaviorismus von Watson bis Tolman. Das Realitätsprinzip befaßt sich mit den Sekundärvorgängen, psychologisch ausgedrückt, mit den Lernprozessen (learning), das heißt mit allen Veränderungen der Persönlichkeit und der zum individuellen Verhalten und zur individuellen Erfahrung sekundären Verhaltensweise. Man hat das Realitätsprinzip insbesondere mit dem »Effekt-Gesetz« verglichen, wonach das Verhalten mit der Aussicht auf »Belohnung« stärker und mit der Aussicht auf »Strafe« schwächer wird. Der Wiederholungszwang findet seine Entsprechung in dem »Frequenz-Gesetz«, das heißt in dem Verhältnis zwischen Erinnern und Wiedererkennen und der im Lernprozeß notwendigen Anzahl der Wiederholungen. Die Probleme, die sich aus dem Widerstreit von Lustprinzip und Wiederholungszwang ergeben, haben ihre Entsprechung in den psychologischen Auseinandersetzungen über das Frequenz-Gesetz und das Effekt-Gesetz. In beiden Fällen ist die hartnäckige Wiederholung nichtangepaßter Verhaltensweisen ein Kernproblem der psychologischen Forschungsarbeit.

Die Triebe

Die Triebvorstellung hat bei der begrifflichen Fixierung der psychoanalytischen Erkenntnisse und bei der systematischen Darstellung der Lehre eine wesentliche Rolle gespielt. Der Trieb darf in diesem Zusammenhang nicht mit Instinkt verwechselt werden. Wenn Freud von Instinkt spricht, meint er ein tierisches Verhalten, das durch Vererbung und Arteigenheit bestimmt ist. Den Begriff Trieb verwendet er hingegen im Sinne einer energetisierenden, antreibenden Kraft, die den Organismus auf ein Ziel richtet. Drei Momente lassen sich im Ablauf des Triebvorgangs unterscheiden: die »Quelle«, der Ursprung, ist ein innersomatischer Reizzustand, das »Ziel« ist die Aufhebung dieses Reizes, das »Objekt« ist das Mittel der Befriedigung. Der Trieb ist also ein Grenzbegriff zwischen Seelischem und Somatischem. Es geht hier weniger um eine faßbare Wirklichkeit als um eine mythische Einheit, deren Existenz wir hinter den Bedürfnissen und Regungen des Organismus vermuten. Die Klassifizierung der Triebe richtet sich nach dem gewählten Kriterium: die klinische Erfahrung hat gezeigt, daß Objekt und Ziel veränderlich sind; die Physiologie gibt keine verläßlichen Aufschlüsse über den Ursprung. Es ist nicht verwunderlich, daß sich die Freudsche Theorie immer weiter entwickelte.

Die erste Triebtheorie

Bis 1920 unterschied die erste Theorie zwischen den Sexualtrieben mit dem Begriff der Libido für die dynamischen Triebäußerungen und den Ichtrieben. Die Grundlage dieser Theorie ist in erster Linie klinisch: man hatte erkannt, welche Rolle die Verdrängung sexueller Bedürfnisse in der neurotischen Pathogenese spielt. Der sexuellen Befriedigung widersetzt sich die Angst, das Schuldgefühl, das moralische oder ästhetische Ich-Ideal. Die Kräfte, die sich den sexuellen Tendenzen entgegenstellen und der Erhaltung des Ichs dienen, werden nun als Ichtriebe bezeichnet. Der neurotische Konflikt ist der Konflikt zwischen Sexualtrieben und Ichtrieben. Die Verdrängung ist eine Folge der Vorherrschaft der Ichtriebe.

Der Narzißmus

Eine erste Änderung der Triebtheorie bewirkte die Entdeckung des Narzißmus (1911–1914), das heißt der libidinösen oder sexuellen Natur bestimmter Tendenzen, die bisher den Ichtrieben zugeordnet worden waren. Die These besagt, daß ein Teil des Egoismus, der Selbstliebe der auf äußere Objekte bezogenen Libido entspricht. Die Libido ist eine allgemeine sexuelle Triebenergie in Zuwendung zum Ich, zum anderen und zu den Dingen. Der Beweis ist durch die Umsetzung der narzißtischen Libido in Objektlibido und umgekehrt gegeben. Die Summe des ichbezogenen und des objektbezogenen Interesses verändert sich nicht: je mehr man sich liebt, um so weniger liebt man die Objekte und umgekehrt. So kommt es, daß bei Müdigkeit, im Schlaf, bei Schmerz, Krankheit und Trauer ein mehr oder weniger großer Teil der Libido den Personen und äußeren Objekten entzogen ist und auf das Ich konzentriert wird. Obwohl es später zum Konflikt kommen kann, sind Ich-Libido und Objektlibido doch von der gleichen Beschaffenheit und gehen auf den gleichen Ursprung zurück.

Die zweite Triebtheorie

Die zweite Triebtheorie brachte die Unterscheidung zwischen Lebenstrieben und Todestrieben. Die Lebenstriebe (oder Eros) umfassen als Einheit den Gegensatz von Selbsterhaltung und

Erhaltung der Art sowie von narzißtischer Libido und Objekt-libido. Das Ziel ist die Bindung, das heißt die Errichtung immer größerer Einheiten und somit der Fortbestand. Ziel der Todes- und Destruktionstriebe (oder Thanatos) ist die Auflösung der Bindungen, denn das letzte Ziel jedes Lebewesens ist die Rück-kehr zum Anorganischen. Lebenstriebe und Todestriebe sind also konservativer Natur, da beide einen früheren Zustand herbei-führen wollen. Dieser neue Dualismus entspricht den im Orga-nismus wirkenden biologischen Vorgängen von Aufbau und Verfall.

Die Projektion des Todestriebes, des autodestruktiven Triebes auf äußere Objekte ergibt die destruktiven Tendenzen. Die Le-benstriebe, ursprünglich ichbezogene Triebe, ergeben durch Pro-jektion die Objektlibido. Es gibt kein rein narzißtisches oder objektbezogenes, destruktives oder libidinöses Verhalten. Jede Verhaltensweise ist der Ausdruck eines Gegeneinander oder Miteinander der beiden Triebgruppen, von Fusionen oder Mi-schungen. Ändert sich das Mischungsverhältnis der Triebe, dann kommt es zu Verhaltensstörungen: so bewirkt zum Beispiel ein Überschuß an sexueller Aggression den Übergang von der Liebe zum Mord, und eine extrem verringerte Aggression führt zu Schüchternheit und Impotenz.

Gegen die Hypothese der Todestriebe wurden von vielen Psy-choanalytikern Einwände erhoben. Die physischen und biologi-schen Ausgangspunkte Freuds sind überholt. Die destruktiven Tendenzen lassen sich anders erklären: Aggression ist die Art und Weise, wie bestimmte Ziele auf einer primitiven Ebene als Reaktion auf die Frustration oder spontan als Folge der Undif-ferenziertheit von Aggression und Libido verfolgt werden. Das Konstanzprinzip gibt eine alles umfassende Erklärung: der Or-ganismus strebt direkt oder auf dem Umweg über höhere Span-nungen (Reizverlangen, Objektsuche, Bildung größerer Einhei-ten) nach Verringerung der Spannungen.

Die Reifung der Triebe

Der Ursprung eines Triebs ist somatisch und verhältnismäßig unabhängig von der wechselseitigen Beziehung zwischen Organismus und Umwelt. Die körperliche Reifung bestimmt also die Reifung der Triebe durch eine innere Entwicklung, die sich mit der des Embryos vergleichen ließe. Diese biologische Determinierung zieht sich durch das ganze Leben und zeigt sich vor allem in den Phasen körperlicher Umformung (Kindheit, Pubertät, Wechseljahre, Alter). Diese Vorstellung von einer Chronologie, einem Aufeinanderfolgen der Triebstadien ist seit langem in die psychoanalytische Theorie (1905) eingegangen. Sie wurde zwar überprüft und erweitert, gehört jedoch zu den festesten Bestandteilen der Theorie. Der Schlüsselbegriff ist die Annahme von erogenen Zonen, das heißt von Körperregionen, deren Reizung Voraussetzung für die libidinöse Befriedigung ist. Je nach Alter und Wachstum des Organismus (Triebstadien) herrscht eine der erogenen Zonen vor, und entsprechend ändert sich die Organisation der Beziehungen des Organismus zu sich selbst, zur Umwelt und zu den Personen (objektbezogene Phase).

Die früheste orale Phase (Lutschen) fällt in die ersten sechs Lebensmonate. Der Mund ist die Zone, in der die vorherrschende, wenn auch nicht die alleinige Art der Annäherung, nämlich die Einverleibung, vollzogen wird. Die Annäherung erfolgt nicht nur durch das Lutschen an der Mutterbrust, sondern auch über die Sinnesorgane und die Haut, die alle im Empfindungsbereich des Kindes auftretenden Reize aufnehmen. Es akzeptiert die gegebenen Tatbestände um so reibungsloser, je vollständiger die Übereinstimmung mit der Umwelt und vor allem mit der Mutter ist. Sie geht einher mit einer starken libidinösen Befriedigung, der sogenannten oralen Befriedigung. Bei Frustration, Spannung und Erwartung lernt das Kind schnell, an einem Teil seines eigenen Körpers zu lutschen, meistens an den Fingern und vor allem am Daumen, und befriedigt sich so autoerotisch.

Die späte orale Phase beginnt mit dem zweiten Halbjahr. An die Stelle des Lutschens tritt als Form der Einverleibung das Beißen. Das Beißen macht dem Kind Spaß, und durch Betätigung der Motorik und der Sinnesorgane nimmt es von der Wirklichkeit immer mehr Besitz. In seiner Beziehung zum anderen besteht das typische Verhalten im Nehmen und Behalten. Die durch das Zahnen verursachte Spannung veranlaßt das Kind, noch mehr zu beißen, und es ergibt sich das Problem, beim Saugen nicht beißen zu dürfen, da ihm die Mutter sonst die Brust entzieht. Die Entwöhnung steht unmittelbar bevor. So gut die Übereinstimmung mit der Umwelt auch verwirklicht sein mag, hier läßt sich ein Konflikt nicht mehr vermeiden. Die Zahnschmerzen, der Groll gegen die Mutter, die ohnmächtige Wut verstricken das Kind in unklare sado-masochistische Erfahrungen und hinterlassen den allgemeinen Eindruck, daß die Einheit mit der Mutter zerstört ist. Da die innige Verbindung mit dem Objekt dessen Zerstörung einschließt, sagen wir vom Kind, es ist ambivalent. Da es sich vor allem mit dem eigenen Körper befaßt, sagen wir, es ist narzißtisch.

Die sadistisch-anale Phase erstreckt sich über das zweite und dritte Lebensjahr. Die Spannungen entladen sich in erster Linie bei der Defäkation. Die libidinöse Befriedigung ist an die Ausscheidung und an die Erregung der analen Schleimhautzone gebunden. Die Erregung kann durch die Verhaltung noch gesteigert werden. Die Fäkalien können ausgeschieden oder zurückgehalten werden, sie werden zu ambivalenten Objekten. Sie treten aus dem Körper aus, werden zum äußeren Objekt und verkörpern den »Besitz«. Die Verbindung zwischen Sadismus und Analität beruht vor allem auf der destruktiven Natur des Ausscheidungsvorgangs und darauf, daß die Kontrolle der Schließmuskeln in der Zeit, in der das Kind lernt, sauber zu werden, ein Gegenstand der Auflehnung gegen die Eltern wird. Die sadistisch-anale Phase ist gekennzeichnet durch Ambivalenz und Bisexualität.

Die phallische Phase liegt zwischen dem dritten und fünften Lebensjahr. Die Genitalien (der Penis beim Jungen, die Klitoris beim Mädchen) werden zur vorherrschenden erogenen Zone. Die Spannungen entladen sich vor allem durch die von sexueller Phantasie begleitete Masturbation. Die Tendenzen, die das Kind Personen seiner Umgebung zuwenden, weisen mehr Ähnlichkeit mit dem Liebesleben der Erwachsenen auf. Bei dem Jungen besteht der positive Ödipuskomplex darin, daß er die Liebe zu seiner Mutter verstärkt, dabei aber einen Konflikt empfindet zwischen seiner Liebe zum Vater (die auf der Identifizierung mit ihm beruht) und seinem Haß gegen den Vater (der auf die dem Jungen versagten väterlichen Vorrechte zurückgeht). Die Kastrationsangst veranlaßt ihn, auf den ausschließlichen Besitz der Mutter zu verzichten. Man spricht von einem negativen Ödipuskomplex, wenn die Mutter als störend für die Liebe zum Vater empfunden wird. Beim Mädchen wird die sehr viel komplizierte Zuwendung zum Vater durch die in der Beziehung zur Mutter erfahrenen Enttäuschungen (das Fehlen des Penis vor allem) begünstigt. Der Penisneid wird durch den Wunsch ersetzt, ein Kind vom Vater zu bekommen.

Die zwischen dem sechsten Lebensjahr und der Pubertät eintretende Latenzperiode bringt eine Abschwächung des Sexualtriebes mit sich, die weniger durch den biologischen Wachstumsvorgang als durch Kultureinflüsse hervorgerufen wird. Das Kind vergißt die polymorphe Perversion der früheren Lebensjahre (infantile Amnesie) und errichtet gegen die Triebe die Schutzwälle der Moral.

In der Pubertät stößt somit die Triebkraft auf Hindernisse, die während der Entwicklung der kindlichen Sexualität noch nicht vorhanden waren. Die Partialtriebe dieser Phase (orale, anale und sado-masochistische Tendenzen, Voyeurtum, Exhibitionismus) verschwinden nicht, sondern werden integriert und dem Primat der Genitalien untergeordnet. Das ist der Beginn der genitalen Phase, Kennzeichen der vom Koitus beherrschten Erwachsenensexualität.

Wird ein Individuum daran gehindert, eine der Entwicklungsphasen der Triebe voll zu durchleben, kann es zu einer verfrühten Fortbildung oder zur Rückkehr zu einer früheren, mehr Sicherheit bietenden Stufe, also zur Ausbildung einer Triebfixierung, kommen. Eine solche Fixierung schafft die Disposition zur Rückkehr der für sie typischen Tendenzen; dieser Fall kann etwa bei Frustration eintreten. Die Rückkehr des Verdrängten spielt eine wesentliche Rolle bei der Entstehung von Neurosen und Perversionen (zum Beispiel: Rückkehr oral-sadistischer Tendenzen bei der manisch-depressiven Psychose oder sadistisch-analer Tendenzen bei der Zwangsneurose).

Dies ist in großen Zügen die klassische Theorie (Freud, 1905; Karl Abraham, 1924). Die Theorie wurde angegriffen, bereichert (Ruth Mack Brunswick, 1940) und von einigen verändert (Melanie Klein). Wir wollen uns auf den Hinweis beschränken, daß die Wirklichkeit vielschichtiger ist, daß bestimmte Möglichkeiten schematisch aufgezeigt wurden, daß aber daneben

Die berühmte Couch in Freuds Arbeitszimmer in seiner Wiener Wohnung, Berggasse 19.

noch andere Lösungen möglich sind und daß die Verwirklichung der einen oder anderen letztlich von den komplizierten Wechselbeziehungen zwischen dem Kind und seiner Umgebung abhängen.

Die Trieberziehung

Die Vorstellung, Triebe könnten sich rein innerlich, für sich entwickeln, entspricht keineswegs einer menschlichen Wirklichkeit. Durch seine biologische Unreife hängt das Kind von seiner Umwelt ab, und diese versucht, mit eigenen Ansprüchen Einfluß auf die Triebentwicklung zu nehmen. Dieser Eingriff setzt die Plastizität der Objekte und der Triebziele voraus; insgesamt ist nur die Triebquelle eine biologische Konstante.

Für diese Triebveränderungen lassen sich zahlreiche Beispiele anführen. Die Entwöhnung ersetzt allmählich die Mutterbrust durch die Flasche und die festen Nahrungsmittel (Verschiebung). Die Reinlichkeitserziehung ist mit Erfolg nur möglich, wenn die Einstellung zu den Ausscheidungsfunktionen eine Umkehrung erfährt (Reaktionsbildung) und die Wünsche der Mutter befolgt werden (Identifizierung). Die Bestrafung eines aggressiven Aktes durch eine körperliche Züchtigung kann die Umkehrung von Masochismus in Sadismus (Umkehrung eines Triebs in sein Gegenteil) bewirken. Häufig wird der Vorgang der Sublimierung angeführt. Die Sublimierung wechselt das Objekt und das Triebziel in der Weise, daß der Trieb seine Befriedigung in einem moralisch und sozial wertvolleren Zielobjekt findet.

Die Triebe dienen in der menschlichen Verhaltensweise also nicht, wie bei vielen Tieren, der Anpassung. Sie sind nicht auf die Wirklichkeit ausgerichtet. Die Erziehung und Sozialisierung des Menschen sind notwendig und geben dem Ich die Funktion, den Organismus zu erhalten und die Anpassung an die Realität zu vollziehen.

Die Persönlichkeit

Der Begriff der Persönlichkeit, der einen so großen Platz in der heutigen Psychologie einnimmt, ist für die Psychoanalyse noch weit wichtiger: als Psychotherapie ist die Psychoanalyse eine Beziehung von Mensch zu Mensch; als Psychologie legt sie größtes Gewicht auf die Individualgeschichte und in diesem Zusammenhang auf die zwischenmenschlichen Beziehungen. Die Psychoanalytiker haben sich jedoch wenig um eine allgemeine Begriffsbestimmung der Persönlichkeit bemüht. Sie würden sich sicherlich mit einer Definition zufriedengeben, die die Persönlichkeit als eine dynamische Organisation versteht, die im Inneren des Individuums psychophysiologische Systeme ausbildet, die seine besondere Anpassung an die Umwelt gewährleisten (Allport). Dagegen ist die Psychoanalyse eine der wenigen Formen der Psychologie, die sich eingehend mit der Struktur der Persönlichkeit beziehungsweise mit dem psychischen Apparat befaßt.

Die erste Theorie des psychischen Apparates

Die erste Freudsche Theorie des psychischen Apparates wird am Ende der »Traumdeutung« (1900) dargelegt. Bei der Erläuterung der »topischen« Auffassung erarbeitet Freud die Fiktion eines psychischen Apparates, dem die Regulierung der Spannungen zufällt. Der psychische Apparat umfaßt zwei Systeme, das Unbewußte und das Vorbewußte, und zwischen beiden wirkt die Zensur; sie ist wie die Lichtbrechung, wenn das Licht von einem Medium in ein anderes übertritt. Das System des Unbewußten enthält angeborene Triebe und verdrängte Wünsche und Erinnerungen. Die Primärvorgänge sind vom Lustprinzip beherrscht und zeigen eine bewegliche Energie, die nach Entladung strebt und sich mühelos auf Objekte und Vorstellungen verschiebt und konzentriert, ohne Rücksicht auf die Normen des rationalen und objektiven Denkens (Träume). Das Vorbewußte enthält die in der Psychologie bekannten seelischen Vorgänge, in ihm sind die Lernfähigkeit und das Erlernte als Ergebnis dieser Fähigkeit vorhanden. Die Sekundärvorgänge, latent aber verfügbar, sind beherrscht vom Realitätsprinzip. Die in diesem System wirksam werdende Energie ist gebunden; die typischen Vorgänge sind die Hemmung der Triebe, die Aufschiebung der Entladung und die Anpassung an die Realität.

Der Übergang vom Unbewußten zum Vorbewußten wird durch die Zensur kontrolliert. Sie erhält ihre Funktion durch das Aufeinandertreffen von durch das Individuum angenommenen Tendenzen und verdrängten Tendenzen, und ihre Aufgabe ist es, Verdrängungen zu vollziehen oder zurückzuweisen. Das Bewußtsein ist ein Teil freier Energie im Verfügungsbereich des Vorbewußten. Seine Rolle ist es, bei Anpassungen feiner zu unterscheiden. In gewissem Maße kann es auch unangenehme Spannungen, die den Eingriff der Zensur begründen, aushalten. Für Freud ist die psychische Aktivität im wesentlichen unbewußt: die unbewußten Wünsche sind der Kern unseres Wesens. Jeder Seelenvorgang hat seinen Ursprung im Unbewußten. An der Schwelle zum Vorbewußten kann er entweder verdrängt werden oder sich in mehr oder weniger verschleierter Form von Affekten, Vorstellungen, Worten und Handlungen verbreiten. Der Übergang vom Vorbewußten zum Bewußtsein wird ebenfalls von der Zensur kontrolliert. Letztlich ist nur das Bewußtsein in der Lage, die seelischen Vorgänge, zumindest für einen Augenblick, von dem beherrschenden Einfluß des Unbewußten zu befreien.

In der Zeit zwischen 1910 und 1920 erarbeitete Freud die Bestandteile einer Theorie des Ichs. Die Unzulänglichkeit des ersten Modells wurde ihm vor allem im Zusammenhang mit der Abwehr des Ichs und den Vorgängen der Verdrängung klar. In der ersten Theorie fielen das Unbewußte und die Verdrängung zusammen. Bei eingehender Überlegung ergab sich jedoch, daß bei der Verdrängung auch die verdrängende Kraft unbewußt ist. Der grundlegende Konflikt konnte von nun an nicht mehr in der Gegenüberstellung der beiden Systeme Vorbewußtes-Bewußtes und Unbewußtes gesehen werden. Das Ich selbst kann bewußt, vorbewußt, aber auch unbewußt sein.

Die zweite Theorie des psychischen Apparates

1923 erläuterte Freud in »Das Ich und das Es« seine zweite Theorie des psychischen Apparates. Sie besteht in der Unterscheidung von drei Systemen oder Instanzen der Persönlichkeit: das Es, das Ich und das Überich.

Diese Begriffe werden selbst von Freud hin und wieder bildlich verwendet. Die klinischen Untersuchungen haben gezeigt, daß die mit ihnen verbundenen psychologischen Realitäten vor allem im Schlaf auf Lebewesen projiziert werden können: zum Beispiel können die Triebkräfte des Es als Tier erscheinen, oder die repressiven Kräfte, für die der Begriff Überich steht, können in das Bild eines Polizisten projiziert werden. Man darf sie sich allerdings nicht als Ganzheiten oder Lebewesen vorstellen. Diese Begriffe bezeichnen lediglich das Motivationssystem und das Handlungssystem, die sich im Konflikt im allgemeinen gegenüberstehen.

Der Begriff »das Es« (im Französischen »le Ça«, im Englischen »the Id«) geht auf Nietzsche und Groddek zurück, die mit diesem Wort das Unpersönliche, Ungewollte, Unbewußte, Naturhafte der im Inneren des Menschen waltenden, das menschliche Leben regierenden Kräfte zum Ausdruck bringen wollten. Es ist die Urform des psychischen Apparates, so wie er im pränatalen Stadium und beim Neugeborenen gegeben sein kann, und es ist der Rohstoff der späteren Differenzierungen. Dynamisch betrachtet, besteht das Es aus angeborenen Trieben (Aggressions- und Sexualtrieben) und verdrängten Wünschen. Seine Wirkungsweise ist vom Primärvorgang bestimmt; die Wünsche des Es entziehen sich dem Realitätsprinzip, sie kennen keine Zeit, keine kausalen und logischen Beziehungen. Sie sind dem Lust-Unlust-Prinzip unterworfen. Es wäre ein Irrtum, wollte man das Es auf biologische, ursächliche Triebe begrenzen. Die Triebe können sich zwar auf reale oder symbolische Objekte beziehen, sind aber im tiefsten Unbewußten auf wirklichkeitsfremde Objekte und Ziele, genauer gesagt, auf Phantasiegebilde gerichtet.

Das Ich (im Französischen das »Moi« oder auch das »Je«, im Englischen das »Ego«) darf keinesfalls mit dem Ich der nichtanalytischen Psychologie verwechselt werden. Nach Freud entwickelt es sich durch die Differenzierung des psychischen Apparates im Kontakt mit den äußeren Realitäten, so wie das Es sich im Kontakt mit den körperlichen Bedürfnis- und Emotionsquellen differenziert. Die Tätigkeit des Ichs ist bewußt (äußere Wahrnehmung, innere Wahrnehmung, geistige Vorgänge), vorbewußt und unbewußt (Abwehrmechanismen). Die Struktur des Ichs wird vom Realitätsprinzip beherrscht (objektives, sozialisiertes, rationales und verbales Denken). Die Aufgabe des Ichs, und nicht des Es und der Triebe, ist die Verteidigung der eigenen Person und ihre Anpassung an die Umwelt sowie die Lösung des Konflikts zwischen der Wirklichkeit und den nicht mit ihr in Einklang zu bringenden Wünschen. Es kontrolliert den Zugang zum Bewußtsein und zur Handlung. Es übernimmt die synthetische Funktion der Persönlichkeit. Das Ich bezeichnet auch die eigene Person als Gegenstand von Wahrnehmungen, Haltungen, Affekten, so beim Narzißmus, bei der Liebe des Individuums zu seiner eigenen Person (Nunberg).

Das Überich (im Französischen »le Surmoi«, im Englischen »the Superego«) ist nach der klassischen Definition die Modifizierung des Ichs durch die innere Annahme der repressiven Kräfte, denen das Individuum im Verlauf seiner Entwicklung ausgesetzt gewesen ist. Seine Funktion tritt im Konflikt mit dem Ich in Erscheinung, und zwar entwickelt das Überich Gefühle, die mit Gewissensregungen, vor allem dem Schuldempfinden, zusammenhängen. Normalerweise vorhandene Haltungen wie Selbstbeobachtung, Selbstkritik und Strenge gegen sich selbst nehmen bei manchen Neurosen (Zwangsneurose, Melancholie) eine derart übersteigerte Form an, daß die Gewissensangst das Leben schlechthin unerträglich macht. In diesen Zuständen von seelischem Masochismus beherrscht das Individuum ein unbezwingbares Bedürfnis, sich anzuklagen, sich zu bestrafen, zu leiden und zu scheitern. Das Überich entsteht durch Identifizierung des Kindes mit den idealisierten Eltern, normalerweise mit dem gleichgeschlechtlichen Elternteil. Freud hat hier in erster Linie die Identifizierungen genannt, die den Ödipuskomplex überwinden, frühere oder spätere Identifizierungen sind jedoch nicht auszuschließen. Wenn sich das Überich nur unvollkommen entpersonifiziert, behält es eine prärationale, anthropomorphische Struktur, es ist, als bestände eine archaische Bindung – eine wirkliche, imaginäre oder symbolische – zwischen einem strengen Vater und seinem Kind. Die große Affinität zwischen dem Überich und dem Es beruht darauf, daß das Überich das Endprodukt der kindlichen Identifizierung mit den ersten Objekten seiner Sexual- und Aggressionstriebe ist. Bei beiden besteht ein Einfluß der Vergangenheit, beim Es durch die Vererbung, beim Überich durch den elterlichen und sozialen Einfluß. Das Ich dagegen ist durch die eigene Erfahrung des Individuums bestimmt. Es gibt verschiedene Gründe für die Annahme, daß das Überich in der Tat schon vor dem Individuum selbst bestehen kann.

Das Ich-Ideal entspricht dem Zustand, den das Individuum erreichen muß, um den Anforderungen des Überichs zu genügen. Das Ideal-Ich, mit dem es oft verwechselt wird, entspricht dem, was das Subjekt von sich selbst erwartet, um den Anforderungen einer kindlichen Illusion von Allmacht und primärer Identifizierung mit einem allgewaltigen Elternteil zu genügen.

Zusammenfassend läßt sich folgendes sagen: das Ich lenkt und kontrolliert die Anpassung des Individuums an die Umwelt, die Spannungen als dessen Motivation und die Verwirklichung seiner Möglichkeiten. In diesem Streben wird das Ich nicht nur durch das Fehlen oder die Unzulänglichkeit bestimmter Fähigkeiten beschränkt, sondern auch durch Einwirkungen des Es und des Überichs, die es dazu zwingen, entgegengesetzt zu handeln, oder es überhaupt am Handeln hindern, so in Form des Wiederholungszwangs und des seelischen Masochismus.

Die Entstehung der Persönlichkeit

So ist man zu der Erkenntnis gelangt, daß eine psychoanalytische Behandlung nur unter Einbeziehung der drei Instanzen des psychischen Apparates eines Individuums im Kontakt mit der äußeren Wirklichkeit denkbar ist (Anna Freud, 1936). Durch Gegenüberstellung der Individualgeschichten hat man eine Beschreibung der Entwicklungsstufen erarbeiten können, die den Weg zur Persönlichkeitsstruktur und -dynamik aufzeigt. Die analytische Lehre von der Person mißt den ersten fünf oder auch nur den ersten zwei bis drei Lebensjahren eine entscheidende Bedeutung zu.

Die Entstehung der Persönlichkeit ist stets als Resultat einer Wechselwirkung verstanden worden, einer wechselseitigen Beziehung zwischen den biologischen und den psycho-soziologischen Determinanten, vor allem der Umgebung in der Familie, die konkret und im Einzelfall die Funktion des Kulturübermittlers ausübt. In den ersten systematischen Ausführungen ist die biologische Tendenz vorherrschend. Den Reifungsstadien der Triebe entsprechen bestimmte Stadien der Objektbeziehung. Die Bedeutung und Tragweite äußerer Vorfälle sind an das Triebstadium gebunden, in dem sie sich ereignen. Die Wege, die Gefühle und Phantasievorstellungen des Kindes einschlagen, richten sich größtenteils nach der Reifung der Triebe. Nach Freud läßt sich der Ödipuskomplex zum Teil auf die Annahme eines kollektiven Unbewußten zurückführen, das Jung sehr aufgewertet hat. Heutzutage erscheinen diese Erklärungen zu einfach. Die Triebentwicklung läßt sich weniger schematisch festhalten. Die Triebphasen sind vielleicht nichts anderes als kulturbedingte, künstliche Stadien. Die Latenzperiode wird nicht mehr als allgemeine Gegebenheit betrachtet. Die Beschäftigung mit einem kollektiven Unbewußten erscheint wenig fruchtbar. Sehr viel auffälliger ist die allgemein auftretende biologische Frühreife des Kindes, durch die es länger in Abhängigkeit von seiner Umwelt gehalten wird. Man interessiert sich mehr als zuvor für die Vielschichtigkeit der Wechselbeziehungen zwischen der biologischen Reife und der Umwelt. Gleichzeitig zeigt die Psychoanalyse mehr Aufgeschlossenheit für die Methoden und Beiträge anderer Disziplinen (direkte Beobachtung von Kindern oder Gruppen von Kindern, Kulturanthropologie). In den letzten Jahrzehnten hat sich die Forschung vor allem auf die drei ersten Lebensjahre, auf die Mutter-Kind-Beziehung und auf die Frühformen des Ichs und des Überichs konzentriert.

Das Verhalten

Stellt man sich die Frage nach dem eigentlichen Gegenstand der psychoanalytischen Forschung, so kann man nicht von der bewußten Erfahrung ausgehen, denn die Psychoanalyse will unbewußte Bedeutungen aufdecken; ebensowenig kann man nur die unbewußten Vorgänge heranziehen, denn im Verlauf ihrer Entwicklung hat sich die Psychoanalyse der Gesamtheit der Beziehungen eines Individuums zu seiner Umwelt und zu sich selbst zugewandt. Der Begriff des Verhaltens, der nichts über die Bewußtheit oder Unbewußtheit seelischer Vorgänge aussagt, eignet sich am ehesten dazu, die theoretischen Einzelbegriffe der vorangehenden Kapitel in den Erscheinungsformen zusammenzufassen, mit denen es der Psychoanalytiker bei seinen klinischen Beobachtungen zu tun hat.

Der Begriff Verhalten wird hier nicht im Sinne der nur äußeren und konkreten Erscheinungen gebraucht. Es geht um die gesamten physiologischen, seelischen, verbalen und motorischen Handlungen, mit denen ein Individuum im Kontakt mit einer bestimmten Umwelt versucht, die Spannungen, die es motivieren, zu lösen und seine Möglichkeiten zu verwirklichen. Es ist das wesentliche Merkmal des Verhaltens, daß es eine Bedeutung hat. Diese Eigenschaft bewirkt, daß die Handlungen, die das Verhalten bedingt, sich ineinanderfügen und die Spannungen, die sie motivieren, verringern. Das Verhalten schließt die bewußte Erfahrung ein, und zwar in Form des symbolischen Verhaltens, das die konkrete Handlung ersetzt oder ihr vorangeht. Es umfaßt die Kommunikation, einen wichtigen Faktor bei der Auseinandersetzung des Individuums mit seiner Umwelt.

Die Motivation

Die Motivation ist ein Zustand der Dissoziation und der Spannung, die den Organismus in Bewegung setzt, bis er die Spannung verringert und seine Einheit wiedergefunden hat (Konstanzprinzip). Es wurde ausgeführt, daß die Psychoanalyse die durch individuelle Erfahrung und Sozialisierung geprägten Triebe als letzten Ursprung der Motivation ansieht; die Motivation tritt in zwei wesentlichen Formen auf: als Bedürfnis und als Emotion.

Die Bedürfnisse sind ihrer Stärke und Beschaffenheit nach sehr verschieden, es gibt die physiologischen Bedürfnisse, das Sicherheitsbedürfnis, das Liebesbedürfnis, das Geltungsbedürfnis, das Bedürfnis zu wissen und zu verstehen, das Bedürfnis zu leiden, zu strafen und so weiter. Als direkte Triebäußerungen sind sie insofern besonders plastisch, als ihre Befriedigung für das Überleben des Organismus nicht zwingend notwendig und unerläßlich ist. So sind etwa das sexuelle Bedürfnis und das Freiheitsbedürfnis sehr viel plastischer als das Bedürfnis zu atmen. Das Auftreten von Bedürfnissen ist von einer angenehmen oder unangenehmen Gefühlsregung begleitet, je nachdem ob das Ich eine Befriedigung oder eine Frustration erwartet. Der Begriff »Wunsch« bezeichnet vor allem das Bedürfnis, das an ein Ziel und an ein Objekt, das dieses Ziel erreichen soll, gebunden ist. Der »Anspruch« bezeichnet die Einschaltung des Wunsches in die Beziehung zum anderen.

Im Gegensatz zum Wunsch steht der Abscheu. Die Psychoanalyse hat sich vornehmlich mit unangenehmen, eng mit wichtigen Bedürfnissen verknüpften Emotionen befaßt. Typische Beispiele sind die Beklemmung und Angst, die mit dem Sicherheitsbedürfnis verbunden sind. In seinen primitivsten Erscheinungsformen ist der Abscheu gleichbedeutend mit jedem übermäßigen Spannungs- oder Reizzustand, der die Reaktionsmöglichkeiten des Organismus übersteigt (traumatischer Zustand). Der Abscheu wird zudem abgeschwächt und in das Angstsignal umgesetzt, das die Abwehrreaktion des Ichs auslöst. Wenn die Abwehrmechanismen nicht funktionieren, ist das Ich überfordert und verfällt in Panik. Das Schuldgefühl ist die Gewissensangst, die dann entsteht, wenn das Individuum den Anforderungen des Überichs, dem im Inneren waltenden Vertreter der moralischen Autorität, nicht mehr genügt. Die Angst, das Schuldgefühl und auch andere unangenehme Empfindungen wie Ekel und Scham bilden Abwehrmotive, die die Abwehrmechanismen des Ichs in Bewegung setzen.

Die Ausbildung des Verhaltens

Die Ausbildung des Verhaltens besteht in der Bewußtwerdung der Bedürfnisse des Individuums und der Entdeckung der Ziele, Objekte und Mittel der Bedürfnisbefriedigung. Die Lösung der Spannungen, die Verwirklichung der Möglichkeiten und die Anpassung an die Wirklichkeit sind also die Aufgaben des Ichs. Daraus ergibt sich die Bedeutung aller Phänomene, die die Handlung des Ichs hemmt: die übermäßige Kraft der Triebe, das heißt der Bedürfnisse und Emotionen, der Wiederholungszwang, der die überlegte Berücksichtigung späterer Folgen verhindert, das Schuldgefühl und der seelische Masochismus. Topisch ausgedrückt heißt das: die Stärke des Ichs entspricht dem Grad seiner Unabhängigkeit von den beiden anderen Persönlichkeitsinstanzen, dem Es und dem Überich.

Die Suche nach den Mitteln

Dieser Aspekt des Verhaltens wird in der Psychologie im Zusammenhang mit der Gewohnheit, dem Versuch, der Intelligenz untersucht. Lange Zeit hat sich die Psychoanalyse kaum um diese Vorgänge gekümmert und der Psychologie die Erforschung des Ichs überlassen. Dieses Gebiet hat jedoch, wie bereits erwähnt, seit dreißig Jahren immer mehr an Bedeutung gewonnen. Wichtige Arbeiten wurden Problemen dieser Art gewidmet (Hartmann, Rapaport). Freud selbst formulierte die Grundlagen einer modernen Theorie des Denkens und beschreibt es als seelisches Experimentieren, wobei der Aufschub der Reaktion und die Vorwegnahme der Folgen eine große Rolle spielen. Ein wichtiger Punkt der Schwäche des Ichs ist sein Unvermögen, sich den unmittelbaren Zwängen der Umwelt, der Gefühle und Wünsche zu entziehen und das symbolische Denken einzusetzen.

Die Objekte

Das Bedürfnis braucht zu seiner Entladung ein entsprechendes Objekt. Das Objekt kann außerhalb der Person liegen (alloplastisches Verhalten) oder die Person selbst sein (autoplastisches Verhalten), wenn sich zum Beispiel die Reaktion auf ein Gefühl, eine Abwehr durch Verdrängung oder eine autoerotische Befriedigung beschränkt. Wie das Triebziel ist auch die Objektwahl plastisch. Es ist also die Aufgabe des Ichs, ein dem Bedürfnis entsprechendes Objekt oder, wie bei der Sublimierung, ein befriedigendes Ersatzobjekt zu wählen. Dies setzt voraus, daß die Handlungsfreiheit des Ichs nicht durch eine Fixierung an ein früheres, innerlich angenommenes Objekt eingeschränkt wird.

Zum Beispiel wird für einen Mann eine befriedigende Liebeswahl schwierig, wenn er an eine ambivalente, mal belohnende, mal frustrierende Mutter fixiert ist und das Bedürfnis verspürt, die mütterliche Liebe, sobald er sie verloren glaubt, zurückzuerobern.

In diesem Fall besteht eine enge Verbindung zwischen der Fixierung an einen bestimmten Objekttyp und der Fixierung an bestimmte Ziele. Die Interferenz der unbewußten Objektfixierungen äußert sich außerdem in Verzerrungen bei der Wahrnehmung von realen Objekten, auf die das Bild der guten und schlechten, der idealisierten und bedrohlichen Objekte projiziert wird.

Die Entladung und Abwehr

Das allgemeine Ziel des Verhaltens ist die Beseitigung von Spannungen und Dissoziation, es dient der Integration. Infolge der Plastizität der Triebziele spielt das Ich eine wesentliche Rolle bei der Bestimmung der Ziele unter Berücksichtigung der inneren und äußeren Wirklichkeit. Auch hier wird die Wirkungskraft des Ichs durch die Fixierung an bestimmte unbewußte Ziele gehemmt, dies gilt zum Beispiel für den Masochismus, das Bedürfnis zu leiden und sich selbst zu bestrafen, das so vielen Menschen, nicht nur dem masochistischen Individuum, sondern auch den Menschen seiner Umgebung das Leben unerträglich macht. Zwei Möglichkeiten lassen sich unterscheiden: entweder das Verhalten entwickelt sich im Sinne einer befriedigenden Entladung durch einen Anstieg der Spannung und die Erhaltung angenehmer Gefühle wie bei einem normalen Sexualverkehr, der mit dem Orgasmus endet; oder aber das Auftreten des Wunsches verbindet sich mit der Erwartung einer Gefahr, seine Entwicklung wird durch die Interferenz unangenehmer Gefühle (Ekel, Scham und vor allem Angst und Schuldgefühl) gehemmt; in diesem Fall setzt das Ich automatisch und unbewußt seine Abwehrmechanismen gegen diese unangenehmen Gefühle und gegen die sie motivierenden Wünsche ein; das Ziel des Verhaltens bleibt die Minderung der Spannung, aber es kommt zwischendurch zu keinem Spannungsanstieg, sondern die unangenehmen Gefühle und unzulässigen Wünsche werden zurückgewiesen, vom Ich dissoziiert. Dieser Anpassungsvorgang ist sinnlos, weil er fortgesetzt oder wiederholt werden muß, weil der verdrängte Trieb in Abweichung weiterbesteht und weil er in anderer Form in das Verhalten und die bewußte Erfahrung Eingang findet, ohne daß das Ich ihn erkennt.

Die Abwehrmechanismen wurden von Anna Freud (1936) und Fenichel (1944) untersucht. Ihre allgemeine Wirkung ist die »Verdrängung« ins Unbewußte. Dieser Begriff bezeichnet darüber hinaus einen besonderen Abwehrmechanismus, der in der unbewußten Tendenz besteht, Strebungen und Erlebnisse – meistens handelt es sich um Versuchungen, Strafen, Andeutungen unannehmbarer Wünsche – nicht bewußt wahrzunehmen oder aus dem Gedächtnis zu verlieren; so werden zum Beispiel Absichten oder ein Name oder aber die Umstände und die Bedeutung eines Gefühls vergessen. Es wurden noch andere Abwehrmechanismen beschrieben: die Negation, eine Tendenz, alle unangenehmen Eindrücke und Tatsachen zu negieren; die Reaktionsbildung, wie die Reinlichkeit, der Ordnungssinn als Kampf gegen Schmutz und Unordnung; die retroaktive Annulation, die darin besteht, tatsächlich oder imaginativ das Gegenteil von einer effektiv oder in der Phantasie begangenen Handlung zu tun. Die Abwehr des Ichs richtet sich auch gegen unangenehme Gefühle, oder besser gesagt, gegen Spannungen, die sie daran hindert, sich zu unangenehmen Gefühlen zu entwickeln; ein Beispiel dafür wäre das Aufschieben eines Gefühls während einer kritischen Situation. Die Abwehr von Gefühlen deckt sich mit der Abwehr von Trieben; wie die verdrängten Triebe bleiben auch die verdrängten Gefühle wirksam und äußern sich indirekt (Träume, Symptome, Ersatzobjekte, körperliche Entsprechungen).

Die Abwehrmechanismen des Ichs sind nicht zu verwechseln mit den Mechanismen der Ichbefreiung, denen ein völlig anderer Anpassungswert zukommt und deren Wirksamkeit die Beseitigung der Abwehr voraussetzt. Typisch für diesen Sachverhalt ist die Arbeit der Befreiung von einem geliebten Wesen durch die Trauer. In diesen Zusammenhang gehört auch die Sublimierung, die sich insofern von den Abwehrmechanismen unterscheidet, als die Entladung nicht blockiert wird. Hier einige Beispiele: Sublimierung von homosexuellen Trieben in der Freundschaft oder in gesellschaftlichen Beziehungen; Sublimierung sadistischer Triebe beim Chirurgen; Sublimierung oraler Triebe beim Sänger oder Redner. Ein weiteres Beispiel wäre das »Vertrautwerden« mit bestimmten Situationen.

Die sekundären Folgen des Verhaltens

Die Folgen des Verhaltens beschränken sich nicht nur auf die Reaktionen der Entladung und Abwehr, wie sie im Vorangehenden erläutert wurden. Die Verhaltensweisen haben auch sekundäre Folgen. Die Entstehung der Persönlichkeit und des Systems der Gewohnheiten ist eine sekundäre Folge des Verhaltens. Das Verhalten hat jedoch auch sekundäre Folgen, die außerhalb der Persönlichkeit liegen: es veranlaßt die Mitmenschen zu entsprechenden Reaktionen. Die Wiederholung derselben Verhaltensweisen kann zu einer Wiederholung von Ereignissen führen, die sich einander unglaublich ähneln.

Freud hat die Wiederholung fast identisch verlaufender Ereignisse unangenehmer Art (Männer werden von ihrer Geliebten betrogen, von ihren besten Freunden verraten) mit dem Begriff der Schicksalsneurose bezeichnet.

Das Bewußtsein und das Unbewußte

In den Anfängen der Psychoanalyse befaßte man sich vor allem mit dem Unbewußten und neigte dazu, das Bewußtsein zu unterschätzen, indem man es mehr oder weniger als Nebenprodukt der unbewußten, die psychische Wirklichkeit bildenden Vorgänge ansah. Was Freud über die Rolle des Bewußtseins und über das Realitätsprinzip geschrieben hat, zeigt, daß er nie so weit gegangen ist. Die Entwicklung einer Psychoanalyse des Ichs hat die Bedeutung der bewußten Aktivitäten noch klarer werden lassen, und so war auch die Bewußtwerdung stets ein wichtiger Punkt in der psychoanalytischen Behandlung. Ebenso verhält es sich mit dem Zusammenwirken der Abwehrmechanismen, den verdrängten Wünschen und Gefühlen, die auf das Ich einen unbemerkten Druck ausüben; so lassen sich auch die Verzerrung der Wahrnehmung anderer und die Verzerrung von Situationen (Projektion) erklären oder die tendenziöse Rechtfertigung von Handlungen, deren tatsächliche Motivation unbewußt bleibt (Rationalisierung). Das »veräußerte« Ich findet immer Gründe, so wie der aus der Hypnose Erwachte Gründe findet, den in der Hypnose erhaltenen Befehl auszuführen.

Verhalten und Kommunikation

Eine Kommunikation betrifft mindestens zwei Personen, den Mitteilenden und den Empfänger der Mitteilung, wobei die Rollen jeweils wechseln. Die Kommunikation kann sich verschiedener konkreter Mittel bedienen. Allein ausschlaggebend ist das Ziel, das heißt die Übermittlung einer Bedeutung. Die Folgen von Kommunikation sind also alloplastisch und symbolisch zugleich. Bestimmte soziale Verhaltensweisen sind in erster Linie Kommunikation, und unter den übrigen gibt es nur wenige, die es nicht in irgendeiner Weise sind. Das bekannteste Beispiel für Kommunikation ist das Wort. Das Wechselspiel von Ausdruck und Verstehen und ihre ständige Anpassung setzen seelische Erfahrungen der Teilidentifizierung voraus. Mitteilung heißt mit jemandem teilen. Dies zeigen sehr klar die Schwierigkeiten, die sich bei der Kommunikation auf Grund der Verschiedenartigkeit der Bewußtseinsarten (Theorie der psychischen Prozesse) ergeben. Die Kommunikation erfordert unterschiedliche Individuen, sonst wäre sie unnötig, und eine gewisse Gleichartigkeit, sonst ist sie nicht möglich.

Das Kommunikationsproblem ist für die Psychopathologie und für die Psychoanalyse von entscheidender Bedeutung. Der gesamte Behandlungsprozeß könnte als der Versuch, von einer inadäquaten Kommunikation zu einer adäquaten zu gelangen, beschrieben werden. Psychoanalytiker und Analysand müssen Mißverständnisse ausräumen (Ferenczi, 1927). Die Kommunikation kann beispielsweise durch die Projektion erschwert werden, die aus dem Psychoanalytiker einen Richter und aus den freien Assoziationen des Patienten das erzwungene Geständnis eines schuldigen Kindes gegenüber einem strengen Elternteil macht. Die Kommunikation bedient sich nicht nur der Sprache. Alle Handlungen des Patienten sind durch Hypothesen Mitteilungen. Die Handlung kann aufdecken, was das Wort verbirgt.

Anstatt den Organismus zu isolieren, beschäftigt sich die moderne Psychologie eingehend mit den wechselseitigen Beziehungen des Organismus und der Umwelt des Individuums mit anderen: das Bewußtsein wird nicht mehr als geschlossen, sondern als der Welt geöffnet bezeichnet. Die gleichen Überlegungen haben in der Psychoanalyse zum Begriff der Objektbeziehung geführt. Die Kommunikation ist die Grundlage zwischenmenschlicher Beziehungen.

Das Alltagsleben

Die Psychoanalyse und das Alltagsleben

Die Erwähnung des Alltagslebens erinnert sofort an Freud und seine Psychopathologie. Aber damit schränkt man den Wirkungsbereich der Psychoanalyse ein. Während der Behandlung dringen die alltäglichen Vorfälle immer wieder in den psychoanalytischen Bereich ein, oft so stark, daß sie ihn überladen und die Behandlung durch die Heftigkeit und Vordringlichkeit der gegenwärtigen Konflikte erschweren. In der psychoanalytischen Literatur gibt es eine Fülle von Beiträgen zu diesem Problem. Über jeden Aspekt des Alltagslebens wurde geschrieben, obwohl das Schrifttum der Psychoanalyse eher die eigentliche Psychopathologie behandelt. Alle Bereiche und Tätigkeiten, in denen sich der Mensch einsetzt, sind der Psychoanalyse bei entsprechenden Untersuchungen zugänglich.

Die Psychoanalyse strebt nicht nach erschöpfenden Erklärungen. Sie verkennt nicht die biologischen, sozialen, wirtschaftlichen und kulturellen Determinanten. Zum Beispiel liegt es auf der Hand, daß viele Verhaltensweisen der Ausdruck sozialer Gewohnheiten sind. Die Ebene der Psychoanalyse ist die der individuellen Verhaltensweisen und Erfahrung sowie die der zwischenmenschlichen Beziehungen. Ihr eigentliches Ziel ist es, die Bedeutung dieser Phänomene als Gesamtheit sowie ihren Ablauf zu ergründen. So steht trotz zahlreicher Angaben und interessanter Untersuchungen die Psychologie der Ehe noch aus. Umfangreiche Erhebungen und eingehende klinische Untersuchungen ermöglichen keine scharfe und tiefgreifende Analyse.

Wenn man die Partnerwahl und die Entwicklung der ehelichen Bindungen und Konflikte wirklich verstehen will, muß man auf die Psychoanalyse zurückgreifen.

Das Alltagsleben bietet der Psychoanalyse ein reiches Betätigungsfeld. Es gibt keine Aktivität, bei der nicht unbewußte Wünsche und Objekte eine Rolle spielen, was nicht heißen soll, daß alles auf unbewußte Vorgänge zurückzuführen ist. Es ist nicht schwer, die Bedeutung der Projektion in der Wahrnehmung des anderen und der Situationen und die Bedeutung der Rationalisierung in der »absichtlichen« Tätigkeit aufzuzeigen. Es wurde bereits dargelegt, welche Rolle der Mensch bei der Herbeiführung von Erlebnissen (Schicksalsneurose) spielen kann. Ein wichtiger Mechanismus ist der des *acting out,* der bei manchen Individuen stark ausgeprägt ist: anscheinend verwenden sie einen unbewußten Einfallsreichtum darauf, im täglichen Leben Themen ihres unbewußten Dramas darzustellen und zu dramatisieren; sie verfolgen dabei das Ziel, bestimmte Wünsche zu befriedigen oder traumatische Situationen zu bewältigen.

Ein häufig auftretendes Beispiel sind bestimmte Formen des Versagens. Die stereotype Wiederholung derselben Situationen und derselben Klagen zeigt, daß das Individuum in diese Dinge in irgendeiner Weise verwickelt ist. Häufig ergibt sich folgendes psychologisches Bild: durch Angriffe und ungeschicktes Verhalten bringt das Individuum die anderen gegen sich auf und schafft damit einen Zustand, in dem es sich als unschuldiges Opfer sehen kann, das allen Grund hat, sein Mißgeschick und die Böswilligkeit der Menschen anzuklagen. Der Wiederholungszwang übernimmt somit die Rolle der unbewußten Wünsche der Aggression und Selbstbestrafung und setzt einen Zustand unerfreulicher mitmenschlicher Beziehungen fort.

Die Fehlleistung

Die Fehlleistung ist eine Erscheinung, die jeder beobachten und meist verstehen kann. Zu den Fehlleistungen zählt Freud das Versprechen und Verschreiben, das Verlesen und Verhören, das vorübergehende Vergessen von Eigennamen und Vorsätzen, das vorübergehende Verlieren von Gegenständen und die vorüber-

Der Weimarer Kongreß der Internationalen Gesellschaft für Medizinische Psychologie fand im September 1911 statt. Unter den Teilnehmern waren Freud, Rank, Brill, Federn, Abraham, Putnam, Jones, Bleuler, Jung, Lou Andreas-Salomé, Ferenczi.

gehenden Irrtümer. Er leugnet nicht, daß hier normalerweise angeführte Ursachen wie Müdigkeit, Erregung, Zerstreutheit, sprachliche Besonderheiten bestimmter Worte vorliegen. Aber diese Erklärungen sind unvollständig. Die Psychoanalyse zeigt, daß sich die Tätigkeit des Ichs mit einer parasitischen Motivation verbindet, die oft bewußt oder vorbewußt ist und vom Ich ohne weiteres erkannt wird, in anderen Fällen aber unbewußt bleibt und vom Ich zurückgewiesen wird.

Freud erzählt die Geschichte eines Sitzungspräsidenten, der sich nichts Gutes von der Sitzung verspricht und sie mit der Erklärung eröffnet, die Sitzung sei geschlossen. Ein Patient, dem Freud verboten hatte, seine Geliebte anzurufen, wählte jedesmal, wenn er Freud anrufen wollte, »irrtümlich«, »aus Versehen« eine falsche Nummer, und zwar ausgerechnet die seiner Geliebten. Ein junger Mann will einer jungen Frau, der der Fuß weh tut, seinen Arm reichen und sagt: »Darf ich Sie in meine Arme nehmen?« Ein Bürgermeister hält bei einer Eheschließung eine Rede und will von den Hoffnungen sprechen, die er in das gute Herz der Eheleute setzt; statt dessen bekräftigt er das Vertrauen in die gute »Zusammenarbeit der Körper«. Ein junges Mädchen, das gerade davon spricht, daß eher die Mutter die männliche Rolle spielt, sagt »mein Mutter«. Die Deutung von Fehlleistungen kommt in der Praxis der Psychoanalyse sehr häufig vor. Das Schema ist oft sehr einfach, etwa wenn ein Individuum einen Todeswunsch, den es abstreiten wollte, direkt ausspricht. Das theoretische Anliegen der Psychoanalyse ist es, an leicht verständlichem Beispiel den Kern der psychoanalytischen Erklärung zu enthüllen, das heißt die Bedeutung der betreffenden Vorgänge in ihrer Gesamtheit und in ihrem Ablauf aufzuzeigen, ohne dabei die zum Teil wirksam werdenden Determinanten zu übergehen.

Schlaf, Traum und Alptraum

Schlaf und Schlaflosigkeit

Der Schlaf ist eine Art des Verhaltens, durch die der Organismus sein Ruhebedürfnis, oder genauer gesagt, sein Schlafbedürfnis befriedigt. Ein ruhiger, traumloser Schlaf entspricht dem höchsten Grad der Spannungsminderung, den ein lebender Organismus normalerweise erreichen kann. Der Schlafende will nichts mehr von der Wirklichkeit aufnehmen. Der Schlaf ist also der Zustand einer relativen Schwächung des Ichs und einer relativen Stärkung der dem Es und dem Überich entstammenden Motivationen. Nach Freud zieht sich der Mensch genetisch gesehen in den vorweltlichen Zustand zurück: »Wir schaffen uns wenigstens ganz ähnliche Verhältnisse, wie sie damals bestanden: warm, dunkel und reizlos. Einige von uns rollen sich noch zu einem engen Paket zusammen und nehmen zum Schlafen eine ähnliche Körperhaltung wie im Mutterleib ein.«

Der Schlaf setzt also voraus, daß der Wunsch zu schlafen vorherrscht und alle anderen Wünsche abgeschwächt werden. Schlafstörungen, ein wenig erholsamer Schlaf oder Schlaflosigkeit gehen folglich auf das Auftreten störender Spannungen zurück. Der Mechanismus bestimmter Arten von Schlaflosigkeit ist leicht zu durchschauen, wenn etwa der Schlaf durch äußere Reize oder durch akute und bewußte Sorgen, durch eine von starken angenehmen oder unangenehmen Gefühlen begleitete Erwartung, eine sexuelle Erregung ohne Befriedigung oder eine unterdrückte Wut gestört wird. In weniger offensichtlichen Fällen beruht die Störung auf verdrängten Wünschen oder Gefühlen, die oft die Assoziationen zu einer Versuchung oder Furcht vor Strafe, zum Beispiel Furcht vor Masturbation und Pollution, Furcht zu töten und getötet zu werden, sind. Die vorübergehende Schwächung des Ichs kann als solche gefürchtet werden, insofern als der Schlafende nicht voll imstande ist, sich gegen unannehmbare Triebe zu wehren, und dadurch selbst das Gefühl einer Strafe haben kann. Andere hingegen bedienen sich des Schlafs als Verteidigung vor einer wenig befriedigenden Wirklichkeit und vor unangenehmen Spannungen.

Traum und Alptraum

Der Traum ist eine Tätigkeit des schlafenden Menschen, durch die das Ich, das den Wunsch hat zu schlafen, versucht, die Motivationen zu beseitigen, die den Schlafenden zu wecken drohen. Das kommt in den beiden berühmten Aussprüchen Freuds »Der Traum ist der Hüter des Schlafs« und »Der Traum ist die Erfüllung eines Wunsches« zum Ausdruck. Das Phänomen des Traums unterscheidet sich nicht wesentlich von der Fehlleistung, die Zusammenhänge sind lediglich etwas komplizierter.

Die Formulierungen Freuds finden ihre einfachste Anwendung dort, wo sich die Schlafstörung entwickelt, ohne von der Wirklichkeit oder vom Ich gehindert zu werden. Dies ist der Fall, wenn, wie bei den Kindern, der Wirklichkeitssinn und das Ich wenig ausgebildet sind. Führen wir dazu ein Beispiel Freuds an: Ein Knabe von 22 Monaten soll als Gratulant einen Korb mit Kirschen verschenken. Er tut es offenbar sehr ungern, obwohl man ihm verspricht, daß er einige davon selbst bekommen wird. Am nächsten Morgen erzählt er als seinen Traum: »He(r)mann alle Kirschen aufgegessen.«

»Kindliche« Träume dieser Art finden sich auch beim Erwachsenen, vor allem wenn er unter dem Druck zwingender physiologischer Bedürfnisse (Hunger, Durst, Sexualbedürfnis) steht.

Gewöhnlich verhalten sich die Dinge nicht so einfach: der Traum erscheint sinnlos, leicht gefühlsbetont-rätselhaft oder neutral. Der Träumer sagt von seinem Traum, er sei absurd, sonderbar, merkwürdig. Das liegt zunächst daran, daß das Traumdenken strukturell dem Denken im Wachzustand nicht entspricht; der manifeste Trauminhalt ist eine Abkürzung des latenten Trauminhalts (Verdichtung). Jedes manifeste Element hängt von mehreren latenten Denkvorgängen ab (Überdeutung). Die Affektbesetzung löst sich von ihrem eigentlichen Objekt und wird auf ein unwichtiges übertragen (Verschiebung). Das begriffliche Denken äußert sich in visuellen Vorstellungen (Dramatisierung). Es verwendet dabei Symbole allgemeiner Art oder Symbole kulturellen oder individuellen Ursprungs (Symbolik). Je weiter sich nun das Ich dem Denken im Wachzustand nähert, um so mehr nimmt es an logischer Ordnung und zielgerichteter Deutung in seine Traumarbeit auf (sekundäre Bearbeitung).

Diese Mechanismen, von denen die ersten drei den Primärvorgängen zuzuordnen sind, haben nicht nur eine deskriptive Bedeutung, sondern erfüllen eine Funktion: in Träumen vom infantilen Typ kann die Wunscherfüllung ohne Entstellung erfolgen, da sie auf keinen Widerspruch von seiten des Ichs stößt. Wenn jedoch der den Schlaf störende Wunsch oder Affekt seiner Art nach zu einem Konflikt mit dem Ich führt, kann der Traum als Hüter des Schlafs seine Aufgabe nur dann erfüllen, wenn er genügend getarnt ist. Die Mechanismen der Traumarbeit ermöglichen einen Kompromiß zwischen den Forderungen des Ichs und den verdrängten Gefühlen. Oft zeigt sich die Abwehrreaktion des Ichs am klarsten im manifesten Trauminhalt. Diese Tätigkeit des Ichs nennt Freud in seinem Werk »Die Traumdeutung« die Zensur.

Eine junge verheiratete Frau träumt zum Beispiel, daß sie sich in ein Haus begibt, in dem Amerikaner wohnen. Man zeigt ihr ein Album mit Fotografien, sie wählt einen Partner für einen Ball, und man gibt ihr eine Karte. Sie versteht, daß mehr dahintersteckt, aber sie beruhigt ihr Gewissen: der von ihr gewählte Partner ist sicher ein Ehrenmann und wird nicht mehr von ihr verlangen, als sie ihm geben kann. Sie kommt als Journalistin, um sich die Sache anzusehen. An dieser Stelle wird der Traum verworren. Sie flieht, man schießt auf sie in der Nacht, sie entkommt und springt in einen fahrenden Autobus.

Dieser Traum stellt den Wunsch nach Untreue dar. Die Entwicklung der Abwehrreaktion des Ichs ist leicht zu verfolgen. Die Wahl eines Partners für einen Ball verbirgt die Wahl eines Liebhabers. Die Träumerin versteht dies so gut, daß sie ihr

Schuldgefühl durch Rationalisierungen bekämpfen muß: der Erwählte wird sicher nichts von ihr verlangen, was sie ihm nicht gewähren kann. Sie kommt als Journalistin, um sich zu informieren. Ihre Abwehrmaßnahmen scheitern: das Ich greift nun auf die Verwirrung zurück, auf das Vergessen eines Teils des Traums und auf die Flucht. Aber der Konflikt zwischen Sexualität und Schuldgefühl verschärft sich. Der Schuß in der Nacht ist ein Kompromiß, ein Symbol der sexuellen Attacke und der Strafe. Ebenso verbindet der Sprung in den Autobus die Flucht mit dem sexuellen Verkehr, der oft durch die Fortbewegung in irgendeinem Verkehrsmittel symbolisiert wird.

Die Transparenz eines Traumes mag noch so groß und die Eingebung und Erfahrung eines Psychoanalytikers noch so bemerkenswert sein, der Traum bedarf der Arbeit des Deutens. In seinem Buch »Die Traumdeutung« empfiehlt Freud die Untersuchung der Gedankenassoziationen des Träumers in verschiedenen Traumelementen; die Unterteilung in Elemente erfolgt, um die offensichtliche Bedeutung des Traums und die sekundäre Bearbeitung auszuschalten. Soweit uns bekannt, wird diese Technik kaum mehr angewandt. Die Psychoanalyse begnügt sich allenfalls damit, Gedankenassoziationen zu bestimmten Traumstellen hervorzurufen. Die Strukturierung des Traums und die sekundäre Bearbeitung, beziehungsweise die spontane Deutung durch den Träumer, werden als Anzeichen der Abwehrtätigkeit des Ichs gewertet: ein Analysand zum Beispiel deutet den gegen einen Analytiker gerichteten Aggressionstraum als masochistische Unterwerfung unter die allgewaltige Person des Analytikers. Im allgemeinen bemüht man sich, den Sinn des Traums im Verlauf der Analyse selbst zu erfassen. Man sieht den Traum in dem ihm entsprechenden Zusammenhang und stellt ihn in den Rahmen der verschiedenen, durch die psychoanalytische Situation bedingten Bezugssysteme: das tägliche Leben, der körperliche Zustand, die Vergangenheit und Kindheit. Die Traumdeutung hängt vom allgemeinen Verlauf der Analyse ab. Oft treten noch vor Abschluß einer Traumdeutung neue Probleme auf. Umgekehrt können bei fortschreitender Analyse bisher ungeklärte Teile eines Traums erhellt werden.

Der Ausspruch »Der Traum ist die Erfüllung eines Wunsches« darf nicht wörtlich genommen werden, es sei denn, es handelt sich um den infantilen Traum. Der Wunsch, den der Traum verwirklicht, ist der des Ichs nach Schlaf. Der Traum entwickelt sich und erfüllt seine Funktion als Hüter des Schlafs nur dann in vollem Umfang, wenn die Abwehrtätigkeit des Ichs erfolgreich ist. Andernfalls bekommt der Traum etwas Angstvolles, oder er wird durch ein angstvolles Erwachen, wie bei den nächtlichen Angstzuständen von Kindern, unterbrochen.

Es gibt Träume, in denen der manifeste Inhalt in offensichtlichem Widerspruch zu der Erfüllung eines Wunsches zu stehen scheint, das sind die Träume, in denen der Träumer eine quälende Behandlung erfährt, einen Richtspruch, ein Todesurteil zum Beispiel. Die Erklärung dieser Träume ist im allgemeinen einfach: das durch den Schlaf freigewordene vorherrschende Bedürfnis ist das nach Strafe (seelischer Masochismus); dabei kann die Strafe nach oder sogar vor dem Verbrechen erfolgen.

Hier ein Teil des Traums eines zwanzigjährigen jungen Mannes, bei dem sich die Pubertätskrise in einer schweren Zwangsneurose fortgesetzt hatte: »Wir spielen mit etwa gleichaltrigen Freunden. Meine Schwester und ich nähern uns meinem Vater und drehen ihm aus Rache die Handgelenke um. Die anwesenden Leute finden es abscheulich, einen alten Mann anzugreifen, und mißbilligen unser Betragen. Mir kommt der Gedanke, um Vergebung zu bitten. Ich weiß nicht, welche Strafe meine Schwester erhält, vielleicht ein paar Ohrfeigen von meinem Vater. Ich falle auf die Knie und bitte um Vergebung. Mein Vater gibt mir zunächst ein paar leichte Ohrfeigen, dann werden sie immer härter, und schließlich schlägt er mich mit voller Wucht ins Gesicht. Das tat so weh, als ob ich die Schläge wirklich erhielte. Hinterher empfand ich eine Regung der Wut . . .«

Der Schlüssel zur Deutung dieses Traums war das sexuelle Schuldgefühl, das ihn mit der Schwester, die früher von den Eltern bestraft worden war, verband. Die väterliche Autorität war das Hindernis zur sexuellen Befreiung geblieben. Der Traum erfüllt somit einen Wunsch nach Rache und nach Auflehnung gegen den Vater, der ein starkes Schuldgefühl und Reuebedürfnis einflößt. »Ich habe um die Züchtigung gebeten, das war etwas so Verwerfliches. Mein Vater wollte keine Ohrfeigen geben, es hat solche Ausmaße nur angenommen, weil ich noch mehr wollte.« Die erlittene Strafe setzt ihrerseits ein Gefühl der Wut auf den Vater frei. Außerdem führte das Verbot des Inzests und jeder anderen sexuellen Betätigung zu der passiven Homosexualität gegenüber dem Vater. So gesehen enthüllt der Traum nicht nur den geistigen, sondern den erogenen Masochismus, eine neurotische Lustquelle, die nur als unangenehm erlebt werden kann, weil sie für das Ich unannehmbar ist.

Es gibt jedoch eine Kategorie von Träumen, die anscheinend nicht auf die Erfüllung eines infantilen Wunsches zurückgeführt werden können: gemeint sind die Träume der traumatischen Neurose, bei der der Träumende immer wieder stereotyp das traumatische Erlebnis vor sich sieht, das zu seiner Krankheit geführt hat. Diese Träume unterliegen nach Freud dem Wiederholungsautomatismus; die Wiederholung läßt beim Individuum einen Angstzustand entstehen, der es ihm ermöglicht, der Macht der erlittenen Erregung zu entgehen; durch das Fehlen dieser Angst wurde die traumatische Neurose verursacht. Diese Funktion des psychischen Apparats steht nicht im Widerspruch zum Lustprinzip, sie ist nur primitiver: die Tendenz des Traums zur Wuscherfüllung ist ein späteres Phänomen. Fenichel stellt denselben Gedankengang in verständlicherer Form dar: das archaische Ich wiederholt aktiv, was es passiv erlebt hat, bevor es in der Lage ist, seelisch zu wiederholen und zu antizipieren (Angst). Der traumatische Wiederholungstraum ist eine Regression zur ursprünglichen Art der Bewältigung. Er bringt eine verzögerte Entladung. Außerdem ermöglicht er den Schlaf trotz der inneren Spannung.

Es gibt Fälle, in denen man die Übereinstimmung des traumatischen Traums mit einem verdrängten Wunsch nachweisen kann, das heißt das Trauma entsprach bereits diesem Wunsch, und die Beschaffenheit des Traumas ist an diese Übereinstimmung gebunden, weil der Wunsch sich nicht erfüllen kann, ohne auf heftigen Widerstand von seiten der Ichabwehr zu stoßen.

Der Ausspruch »Der Traum ist die Erfüllung eines Wunsches«, und zwar eines, der auf die Kindheit zurückgeht, macht dann Schwierigkeiten, wenn man sich vor Augen hält, daß der Wunsch, dessen Erfüllung der Traum gewährleistet, der Wunsch des Ichs nach Schlaf ist. Der Traum ist ein Versuch, die Spannungen zu verringern, die, wenn sie zu stark auftreten, zu Angst, Alptraum und Erwachen führen.

Psychische Störungen

Der funktionelle Begriff der Verhaltensstörungen

Ende des 19. Jahrhunderts befand sich die Psychopathologie in vollem Aufschwung. Vieles blieb weiterhin unbekannt, aber die Psychiater hatten eine ungeheure Fülle von Kenntnissen über die klinischen Erscheinungsformen, die Entwicklung und die Ursachen der »seelischen Krankheiten« zusammengetragen. Die Diagnostik befaßte sich mit der Identifizierung der Krankheitsarten. Für kausale Erklärungen, die durch neuentdeckte Methoden auf dem Gebiet der angewandten Anatomie gefördert wurden, zog man vor allem die Erbanlage und die körperlichen Schäden und Störungen – wirkliche oder angenommene – heran. Nach herrschender Meinung spielten die Ereignisse des Lebens nur gelegentlich eine Rolle.

Die Psychoanalyse hat den Rahmen der psychiatrischen Nosographie (Beschreibung der Krankheitsarten) wenig verändert. Der wesentliche Zug der psychoanalytischen Einstellung ist der Versuch, die Gesamtbedeutung des klinischen Bildes zu erfassen – das nämlich, was es über die Beziehungen des Kranken zu seiner Umwelt und zu sich selbst und über eine bestimmte Entwicklungsphase der Persönlichkeit aussagt. Mit anderen Worten: das Neuartige der Psychoanalyse ist, daß sie einen funktionellen Begriff der seelischen Krankheit geschaffen hat. Die »seelische Krankheit« ist ein Anpassungsversuch, ein Versuch, Probleme zu lösen, die nicht in befriedigender Weise gelöst werden konnten. Der Konflikt ist ein der Gesundheit und der Krankheit gemeinsamer Faktor. Der Konflikt an sich ist nicht pathologisch.

Für den Physiologen und Psychologen ist das Leben eine Wechselfolge von Gleichgewicht und gestörtem Gleichgewicht, ein Aneinanderreihen von Versuchen und Irrtümern, um das Gleichgewicht wiederherzustellen, wenn es gestört ist. Gelingen diese Versuche und erfolgt die Anpassung im Sinne eines besseren Gleichgewichts zwischen Organismus und Umwelt und sind zugleich die Möglichkeiten des Lebewesens voll zu verwirklichen, dann kann man von einer normativen oder konstruktiven Integration sprechen.

In anderen Fällen gelingt es dem Organismus nicht, den Konflikt zu lösen, die Spannung und die Dissoziation, Kennzeichen des Konflikts, bleiben bestehen, oder aber der Organismus schafft ungeeignete Lösungen, die zwar die Spannungen vermindern, aber die Dissoziation verstärken. Dies geschieht, wenn »dissoziative Anpassungen« wie die Verdrängung und die anderen von der Psychoanalyse aufgedeckten Abwehrmechanismen eingesetzt werden. In beiden Fällen bleibt die Lösung des Konflikts aus. Er hat sich etabliert, und indem er zur »Norm« wird, wird er »anormal«; und doch stellt die Verhaltensstörung, obwohl objektiv unwirksam und subjektiv unangenehm, eine gewisse Ordnung dar; der Organismus hat sich verändert und die stärksten, unmittelbarsten, unangenehmsten Spannungen vermindert.

Die Hinwendung des Konflikts zu jenen integrativen oder dissoziativen Anpassungen, der Gesundheit oder Krankheit, ist in vieler Hinsicht noch rätselhaft. Die Psychoanalyse bleibt der Tradition der Biologie insofern treu, als sie die grundlegende Bedeutung der körperlichen Voraussetzungen (Vererbung, Alter und Reifung, physiopathologische Vorgänge) anerkennt; darüber hinaus unterstreicht sie jedoch die Bedeutung der individuellen Erfahrungen (Situationen, Ereignisse, familien- und sozialbedingte Faktoren), sie betont das, was wir heute mit »Lernen« im Gegensatz zur »Reifung« bezeichnen. Die Bedeutung und die Wirksamkeit der Lernfaktoren hängen allerdings eng mit der Reifung zusammen: der Sinn und die Tragweite eines Ereignisses richten sich nach dem Entwicklungsstadium, in dem es auftritt; einmal fallen biologische Faktoren so stark ins Gewicht, daß schon geringfügige äußere Hindernisse ausreichen, die Entwicklung zu stören, ein anderes Mal sind die bio-

J. L. Moreno hat mit dem Psychodrama eine psychotherapeutische
Technik entwickelt, die mit Hilfe der szenischen Interpretation
Störungen der Persönlichkeit und des Verhaltens beseitigen soll.

logischen Grundvoraussetzungen so gut, daß der Mensch mit den schwierigsten Situationen fertig wird.

Allgemein kann man sagen, daß die quantitativen (ökonomischen) Faktoren, zum Beispiel die Stärke der äußeren und inneren Reize sowie die Stärke des Ichs, ausschlaggebend sind. Aber von vornherein lassen sich die entscheidenden Unterschiede zwischen dem zukünftig Kranken und dem zukünftig Gesunden nicht erkennen. Diese Unterscheidung ist erst hinterher möglich. Die Krankheit entwickelt die beim gesunden Menschen latenten, oder zumindest wenig ausgeprägten, wenig störenden Möglichkeiten und läßt sie akut werden. Die Homosexualität etwa, die in unserer Gesellschaft eine ausgesprochene Anomalie der sexuellen und sozialen Anpassung darstellt, ist ständig bei allen sexuell angepaßten Erwachsenen potentiell vorhanden.

Die Psychoneurosen

Die besondere Bedeutung der Psychoneurosen läßt sich zweifach begründen: sie waren Gegenstand der ersten Entdeckungen der Psychoanalyse und eignen sich am besten für die psychoanalytische Behandlung. Es sind Übertragungsneurosen, das heißt Neurosen, bei denen sich der unbewußte neurotische Konflikt am besten in der Beziehung zwischen Patient und Psychoanalytiker überträgt.

Bei der Beschreibung der Psychoneurose lassen sich negative und positive Symptome unterscheiden. Der Kranke wird mehr oder weniger stark daran gehindert, Handlungen zu vollziehen, die zur Befriedigung von Bedürfnissen der Persönlichkeit führen sollen, die die Verwirklichung seiner Möglichkeiten und die Anpassung an die Realität zum Ziel haben. Der Kranke klagt beispielsweise über Schlaflosigkeit, Konzentrationsschwäche, über sexuelle Hemmungen wie Impotenz oder Frigidität. Die positiven Symptome scheinen einer unbekannten Quelle zu entspringen und verschaffen sich Eingang in das Verhalten und das Gewissen des Kranken. Es sind unangenehme Gefühle, Angst, Schuldgefühl, Depression; es treten Zwangsvorstellungen auf wie die des Autofahrers, der das Gefühl hat, er werde in das ihm entgegenkommende Fahrzeug hineinfahren; es kommt zu

Zwangshandlungen, dem Zwang etwa, sich mehrmals in der Stunde die Hände waschen zu müssen, da sonst ein starker Angstzustand eintritt.

Ein achtzehnjähriges Mädchen erträgt beispielsweise die Einsamkeit nicht; wenn sie in die Kirche geht, muß sie gleich neben der Tür sitzen (Klaustrophobie); sie kann nur in Begleitung ihrer Schwester fortgehen (Agoraphobie); nachts wacht sie manchmal auf, ihr ist zu warm und sie ist innerlich erregt; um wieder einschlafen zu können, muß sie einige Zeit im Zimmer umhergehen (Zwangsverhalten). Alle diese Symptome empfindet sie als unangenehm, zugleich sind sie ihr unverständlich.

Zusammenfassend ließe sich sagen: die psychoneurotischen Symptome sind unbeabsichtigte Entladungen, die an die Stelle normaler Handlungen treten.

Die Einteilung der Neurosen

Um das Wesen der psychoneurotischen Symptome besser verstehen zu können, empfiehlt sich die Unterscheidung zwischen den Symptomen der traumatischen Neurose und denen der Aktualneurose.

Die traumatische Neurose ist der Krankheitszustand, der durch ein Trauma verursacht wird, das heißt durch einen Reizzuwachs von außen, der so stark ist, durch eine Situation, die so kritisch, so dringlich ist, daß das Individuum nicht mehr in der Lage ist, damit fertig zu werden, und eine Entladung nicht möglich ist. Typische Beispiele sind die Neurosen nach Bombenangriffen, Explosionen oder Katastrophen. Im kleinen haben wir das vertraute Beispiel des Kindes, das von seinen Kameraden gedemütigt wird und das nicht stark genug ist, sich mit ihnen zu schlagen: es kommt nach Hause in einem Zustand ohnmächtiger Wut, es kann an nichts anderes denken, es überlegt sich so lange, was es hätte antworten und wie es hätte angreifen können, bis alles wieder seine Ordnung hat.

Die unmittelbaren Folgen des Traumas sind Gefühle unangenehmer Spannung, ungeeignete Versuche, das zu bewältigen, was bei der normalen Anpassung nicht bewältigt werden konnte. Zu dieser Degradierung des Verhaltens kommen emotionelle

Entladungen, durch übermäßige Spannung verursachte Schlaf-störungen, Symptome der Wiederholung des Traumas – und zwar im Schlaf und im Wachzustand, wobei durch die Wieder-holungen der Konflikt bewältigt werden soll – und schließlich eventuell psychoneurotische Symptome, deren Art sich nach den konstitutionellen Faktoren und früheren Erfahrungen richtet.

Der Begriff der Aktualneurose wurde schon früh von Freud entwickelt und geht auf die Zeit zurück, in der er an der be-grifflichen Bestimmung der Abwehrneurose (1894) arbeitete. Der Konflikt wird nicht durch den Ansturm äußerer Reize, son-dern durch den der aktuellen inneren Reize bestimmt, durch die Spannung der Bedürfnisse, die keine angemessene Entla-dung erfahren. Als klassisches Beispiel gilt der sexuelle Verkehr, der nicht mit einem befriedigenden Orgasmus abschließt *(Koitus interruptus)*. Im Verlauf einer Analyse kann die Aufdeckung von Trieben, die sich nicht entladen, »aktuelle« Symptome her-vorrufen. Man spricht von negativen Symptomen (Müdigkeit und Ermüdbarkeit, Interesselosigkeit und Langeweile, Minder-wertigkeitsgefühle) und positiven Symptomen (allgemeiner Spannungszustand, Störungen des Muskeltonus, emotionelle Entladung in Form von Angst oder Wut, Schlafstörungen, kör-perliche Funktionsstörungen). Je nach der Konstitution und der Individualgeschichte ergibt sich als Krankenbild die Angstneu-rose oder die Neurasthenie (Freud).

Die eigentliche Psychoneurose besteht in einer Ausweitung des Konflikts. Die bekanntesten Formen sind die Konversionshyste-rie, die Angsthysterie beziehungsweise die Phobien und die Zwangsneurose. Wenn sich die Abwehr des Ichs der Entladung eines Triebs, der als gefährlich oder unannehmbar empfunden wird, widersetzt, bedeutet das nicht, daß der abgeleitete Trieb beseitigt ist, er findet eine unmißverständliche »Ersatzbefriedi-gung« in von Ehrgeiz oder Aggressivität geprägten Bildern und Phantasievorstellungen (sexuelle, ehrgeizige, aggressive Vorstel-lungen). Manchmal dringt die Ersatzbefriedigung bis in die Handlung vor und ergibt eine Fehlleistung. Dadurch, daß die Abwehrblockade der Psychoneurose eine ausreichende Entladung verhindert, entstehen laufend aktuelle Symptome, und der ge-ringste äußere oder innere Reiz genügt, das Individuum in einen traumatischen Zustand zu versetzen.

Der allen drei Symptomarten gemeinsame Faktor ist also das Mißverhältnis zwischen Erregung und Entladung, das bei der traumatischen Neurose durch das Übermaß an äußeren Reizen, bei der Aktualneurose durch die Unterbrechung des Entladungsvorgangs und bei der Psychoneurose durch die Abwehrblockade gegen die Entladung entsteht. Klinisch zeigt sich diese Übereinstimmung in einer Überlagerung der drei Neurosenarten. Die Psychoneurose trägt ihren Namen zu Recht, denn sie ist eine »psychologische« Bearbeitung des neurotischen Konflikts, ein Anpassungsversuch, der dank der Symptome die Befriedigung mit der Sicherheit verbinden würde, obwohl die Entladung nicht ausreicht und die unangenehmen Begleiterscheinungen des Symptoms weitere Schwierigkeiten verursachen.

Die Ursachen der Psychoneurose

Die Psychoneurose ist das Ergebnis der zwischen der Persönlichkeit und ihrer Umwelt bestehenden Wechselwirkung.

Die Persönlichkeit spielt eine entscheidende Rolle. Es gibt keine Psychoneurose, bei der nicht eine neurotische Veranlagung oder, besser gesagt, eine Kindheitsneurose vorliegt.

Entgegen einer weit verbreiteten Ansicht berücksichtigt die Psychoanalyse sehr wohl den konstitutionellen Faktor, ohne ihn jedoch gleich heranzuziehen, denn sie betrachtet ihn als die Grenze der psychoanalytischen Untersuchungen. So kommt es, daß die verschiedenen Individuen mehr oder weniger unter den Folgen einer übermäßigen Frustration oder Erregung leiden, daß ihr organisch-vegetatives Nervensystem mehr oder weniger reizbar oder empfindlich ist und daß die Sexualbedürfnisse oder aggressiven Reaktionen unterschiedlich stark auftreten. Alle körperlichen Faktoren stehen andererseits unter dem Einfluß der Wechselfälle im Leben eines Individuums.

Das Verdienst der Psychoanalyse besteht darin, die maßgebliche Bedeutung der Kindheitsneurose, der vorherrschenden Fixierungspunkte und der besonderen Mechanismen der Entwicklungsphase, in der die Fixierung erfolgte, und schließlich das Wesen und die Bedeutung der kindlichen Umwelt entdeckt zu haben. Die Fixierung kann nämlich entweder aus einer ernsthaften Frustration und der dadurch bedingten Entwicklung der Phantasiearbeit entstehen oder aus einer übermäßigen Befriedigung, die die Toleranz gegenüber späteren Frustrationen verringert.

Karl Abraham hat in einem Schema die wichtigsten Fixierungspunkte der verschiedenen seelischen Erkrankungen aufgeführt und sie tabellarisch den entsprechenden Entwicklungsphasen der Triebe und Objektbeziehungen gegenübergestellt (1924). Nach Freud ist der Ödipuskomplex der Kern der Neurose. Der Ödipuskomplex gehört jedoch zur normalen Entwicklung, aber er wird überwunden und kann sich nur noch unter ganz bestimmten günstigen Bedingungen äußern, wie etwa im Traum. Beim Neurotiker wird der Ödipuskomplex wegen der besonderen Stärke der ihn bildenden Triebe, Affekte und Abwehrreaktionen nicht beseitigt. Bei bestimmten Formen der Hysterie ist die ödipale Fixierung der wesentliche Punkt der Pathogenese. Die anormale Entwicklung des Ödipuskomplexes kann jedoch ihrerseits eine Folge früherer Schwierigkeiten sein. Man bezeichnet diese Schwierigkeiten herkömmlich als präödipal. Nach Melanie Klein und ihrer Lehrmeinung bildet sich schon von den ersten Entwicklungsphasen an ein Ödipuskonflikt.

Die Bedeutung der Umwelt liegt darin, daß sie als auslösender Faktor auftritt, der stets in Form der Frustration eingreift. Entweder es handelt sich um ein konkretes, erschütterndes Ereignis von ungewöhnlicher Tragweite, etwa den Tod eines geliebten Wesens, oder die Neurose entwickelt sich schleichend aus einer andauernden Frustration, einer unglücklichen Ehe zum Beispiel, oder aus einem an sich geringfügigen Ereignis, das aber eine besondere Bedeutung erhält.

Die Entstehung der psychoneurotischen Symptome

Hätte das Individuum keine neurotische Veranlagung, könnte es die Frustration ertragen und mit einem angepaßten Verhalten reagieren, indem es beispielsweise ein neues Objekt findet. Auf Grund seiner neurotischen Veranlagung zieht es einen Teil seines Interesses von der Außenwelt ab und steigert seine Phantasiearbeit; die Triebe befreien sich von den Realbeziehungen und der Ich-Kontrolle; das Individuum zieht sich auf eine sicherere Position zurück, aktiviert weiter zurückliegende Interessen, und diese Rückwärtsbewegung setzt sich so lange fort, bis der Fixierungspunkt, das heißt eine Phase erreicht ist, in der die libidinösen und aggressiven Triebe äußerst stark auf die Mitglieder der Familie ausgerichtet waren; aber die Regression bleibt unvollständig: zum großen Teil arbeitet das Ich weiterhin normal und setzt seine Abwehrmechanismen gegen die aus den verdrängten Trieben herrührenden Äußerungen ein; durch das Scheitern bestimmter Abwehrreaktionen werden andere mobilisiert. Wie im Traum können sich auch hier die Wünsche nicht direkt, sondern nur entstellt, als Ersatz, äußern. Das Symptom stellt gleichzeitig ein Zurückweisen dieser unbewußten Wünsche dar, was sich klar zeigt, wenn das Symptom ein physisches oder seelisches Unbehagen mit sich bringt oder ernsthaft die Wirkungsweise des Ichs gefährdet (Selbstbestrafung). Es tritt also als Kompromiß zwischen den verdrängten Wünschen und der Abwehr des Ichs in Erscheinung. Alle diese Faktoren sind unbewußt, aber die vorbewußte und unbewußte Tätigkeit wird im Sinne eines Kompromisses eingesetzt, genau wie im Traum; eines der besten Beispiele für diese sekundäre Bearbeitung gibt der Neurotiker, der mit logischer Argumentation das Ausmaß seiner Gedankengänge und Zwangshandlungen rechtfertigen will. Dank der Symptombildung und in Ermangelung einer erfolgreichen Verdrängung stellt sich beim Neurotiker ein gewisses Nachlassen der unbewußten Spannung ein; das ist der primäre Gewinn der Neurose. Der sekundäre liegt darin, daß sie dem Patienten ermöglicht, einen bestimmten Einfluß auf seine Umgebung auszuüben, er kann sie tyrannisieren, sich rächen. Diese beiden Arten des Gewinns ermutigen den Patienten dazu, sich mit dem Symptom zu verbünden; oft entwickelt er geradezu eine Art Anhänglichkeit an das Symptom, welche Unannehmlichkeiten es auch immer mit sich bringen mag; er hält allen Versuchen stand, die das Symptom beseitigen sollen, und empfindet einen Verlust, falls es doch verschwindet.

Die Psychosen

Der Begriff der Psychose findet auf die stärksten Formen der Verhaltensstörungen Anwendung, die sich in Störungen der Wirklichkeitsaufnahme und Selbstkontrolle äußern und so schwerwiegend sind, daß die Einweisung in eine Anstalt gerechtfertigt ist, mit anderen Worten, es geht hier um den Wahnsinn; von funktionellen Psychosen spricht man, wenn die Erklärungen der pathologischen Anatomie, der Physiologie und der Biochemie hinter der Bedeutung der persönlichen und sozialen Faktoren zurücktreten.

Freud hat sich schon sehr früh mit den Psychosen befaßt und in ihnen eine Abwehr des Organismus gegen eine von der Wirklichkeit aufgezwungene Enttäuschung gesehen (1896). Der allgemeine Begriff der Psychosen deckt sich mit dem der Neurose, allerdings unter Berücksichtigung wichtiger Unterschiede: die Fixierung und die Regression sind hier noch stärker ausgeprägt; die Frustration beziehungsweise das Trauma treten gegenüber der Toleranz des Ichs noch unerbittlicher auf; das Ich wendet sich von der Wirklichkeit ab und läßt sich vom Es beherrschen; das affektive Interesse richtet sich nicht mehr auf imaginäre Objekte, sondern konzentriert sich auf das Ich. Freud hat diese Vorstellungen zusammenfassend formuliert und festgestellt, daß der Konflikt bei der Psychose zwischen dem Ich und der Wirklichkeit entsteht, während er bei der Neurose zwischen dem Ich und dem Es steht (1924). Diese Gegenüberstellung ist jedoch von nur begrenzter Bedeutung: bei der Neurose ist der Konflikt zwischen dem Ich und der Wirklichkeit durchaus gegeben, und bei der Psychose enthält die Wirklichkeit ebenfalls Objekte, Versuchungen, denen die primären Triebe zustreben.

Die Psychoanalyse hat einen wichtigen Beitrag zur Psychologie der »organischen Prozesse« geliefert, das heißt zum Thema der psychischen Störungen, die vor allem auf körperlichen Ursachen und einem Gehirnschaden beruhen. Bei dem Versuch einer Unterscheidung zwischen Psychose und Neurose (1924) führt Freud als Beispiel für die Psychose Meynerts *Amentia* an, das heißt die sehr starke, wahnartige Verwirrung, eine Erkrankung, die ganz eindeutig auf zum Teil somatische Ursachen zurückgeht. Da sich der Psychoanalytiker um die Erklärung der konkreten

Verhaltensweisen bemüht, bringt er die entsprechenden Voraussetzungen mit, um die Forschung der Psychologie auf dem Gebiet der organisch bedingten psychotischen Reaktionen voranzutreiben. Vor allem Schilder hat wichtige Beiträge zur Psychologie der Paralyse, der Amnesien, der Aphasien geleistet (1928). Der Elektroschock und die Neurochirurgie erschließen der psychoanalytischen Forschung neue Gebiete.

Das manisch-depressive Irresein, das in der klassischen Psychiatrie gesondert behandelt wird, äußert sich im Lauf des Lebens in Phasen melancholischer Depression und manischer Erregung; zwischen den Phasen liegen jeweils psychosenfreie Intervalle. Obwohl zahlreiche Kliniker die Tatsache dieser »Krankheitsentität« und ihre Abgrenzung zur Schizophrenie bezweifeln, halten viele Psychoanalytiker unbeirrt an einer »organogenen« Ätiologie fest. Aber die exakte Unterscheidung zwischen organischer und psychologischer Begründung ist eher logisch als realistisch; da es sich vor allem um Störungen emotioneller Art handelt, fragt man sich, was wohl die Melancholie oder die Manie ohne die Mitwirkung des Körpers darstellen könnten. Darüber hinaus haben es die Entdeckungen Freuds, Abrahams und anderer ermöglicht, in die Psychologie der melancholischen und manischen Zustände vorzudringen und die Entstehung der Persönlichkeit bei Kranken näher zu ergründen.

Die Prädisposition beruht auf einer äußerst starken Abhängigkeit des Kranken davon, wie er sein Dasein empfindet und wie er seinen Wert im Verhältnis zu dem, was ihm von außen entgegengebracht wird und dem, was er persönlich verwirklicht, sieht; mit anderen Worten: das Bedürfnis nach Liebe und Achtung ist übertrieben stark ausgebildet. Auf Grund seiner Intoleranz bei Liebesverlust oder demütigenden Frustrationen wird er leicht aggressiv, aber diese Aggressivität wird großenteils durch die Furcht, die Liebe des anderen zu verlieren, oder durch sein Schuldgefühl blockiert; die Aggressivität hat die Tendenz, sich gegen den Kranken zu richten.

Die genannten Prädispositionen hängen mit einer Fixierung in der oral-sadistischen Phase zusammen, in der die ambivalente Beziehung zum Objekt durch Einverleibung hergestellt wurde. Sie lassen den Kranken wahlweise empfindlich auf den Verlust von Achtung und Liebe und auf alles, was sein Schuldgefühl anregt, reagieren; dabei kann die Ursache eines solchen Schuldgefühls ein offensichtliches Trauma oder aber irgendein ganz nebensächliches, verborgenes Ereignis sein, dessen Vorhandensein und Bedeutung nur durch die psychoanalytische Untersuchung aufgedeckt werden kann.

Verschiedene Autoren (Freud, Abraham, Lagache) haben die Bedeutung der Trauer, vor allem der plötzlich einsetzenden, heftigen Trauer, bei der Bestimmung melancholischer oder manischer Reaktionen herausgestellt. Das Wesen der Prädisposition und der auslösenden Faktoren machen es verständlich, daß sich die Melancholie vor allem in den Schuld- und Vernichtungsgefühlen, den Reaktionen der Selbstbestrafung, den Wahnideen der Selbstbeschuldigung und im Selbstmord äußert. Die Struktur des melancholischen Zustands kompliziert sich durch die Identifizierung des Kranken mit dem verlorenen Liebesobjekt: die Autoaggression richtet sich gegen das »durch den Schatten des Objekts modifizierte« Ich.

Die Melancholie ist somit funktionell gesehen eine Art Arbeit, durch die der Melancholiker mühsam versucht, zurückliegende Konflikte, die durch neuere Ereignisse aktiviert werden, zu lösen. Die Manie hat es im Grunde mit den gleichen Problemen zu tun, aber hier versucht der Kranke sich durch eine »Flucht in die Wirklichkeit« von den Problemen zu befreien; er praktiziert, so könnte man sagen, eine Politik des »und dennoch«.

Die Psychoanalyse hat einen wesentlichen Teil zur allgemeinen Theorie der Schizophrenie beigetragen. Abraham nimmt an, daß die hauptsächliche Fixierung in einer Phase erfolgt, die noch früher liegt als beim manisch-depressiven Irresein, und zwar in der oralen Phase des Lutschens, in einer Phase also, in der sich das Ich noch nicht von der Wirklichkeit abhebt. Man verfügt über keine verläßlichen Angaben, um diese Hypothese zu beweisen. Man nimmt an, daß die Prädisposition auf veränderlichen Verbindungen somatischer Dispositionen, früher Traumata, vielfältiger Verhinderungen, vor allem bei der Hinwendung zu den Objekten, beruht. Andere Fixierungen, insbesondere die ödipalen Konflikte, spielen nur eine untergeordnete Rolle. Wie bei den Neurosen ist der auslösende Faktor entweder ein Anstieg der Triebspannung (Pubertät) oder ein verdrängter traumatischer Reiz der kindlichen Sexualität (Homosexualität,

Analerotik) oder irgendein anderer Umstand, der die Abwehrmotive infantilen Ursprungs rechtfertigt oder verstärkt.

Wie bei den Neurosen versucht das Individuum die Spannung durch eine Regression zu integrieren, aber die Regression tritt hier in Form des Bruchs mit der Wirklichkeit auf; die Wirklichkeit wird verworfen, da sie die Quelle der Frustration und der Versuchung ist und die Objekte enthält, denen die Triebe zustreben. Das Ich neigt dazu, sich vom Es überwältigen zu lassen; daraus ergibt sich die »Entdifferenzierung«, die »Primitivierung« des Verhaltens, die sich in den weltzerstörerischen Phantasiegebilden, der Entpersonalisierung, dem Größenwahn, den archaischen Wort- und Denkmodalitäten, den hebephrenetischen und bestimmten katatonischen Symptomen äußert. Ein anderer Teil des Krankheitsbildes zeigt den Versuch, geheilt zu werden, eine Anstrengung der Triebe, die frustrierende Wirklichkeit zu bekämpfen und die Befriedigung herbeizuführen (Halluzinationen, Wahnideen, verbale und soziale Besonderheiten, verschiedene katatonische Symptome).

Allgemein werden in der Psychoanalyse die »paranoiden Psychosen« als begrenzte Schizophrenien betrachtet. Gemeint sind die Psychosen, die wie Persönlichkeitsentwicklungen (Jaspers) in Auseinandersetzung mit Situationen des Lebens auftreten und sich vor allem in der »chronischen systematischen Verrücktheit«, wie sie die klassischen Theoretiker nannten, äußern, in der sich die Wahnideen – der Verfolgungswahn, der Größenwahn, der Schuldwahn – entwickeln, ohne die Intelligenz erheblich zu beeinträchtigen: es sind »überlegende« Formen des Irrsinns. Die psychoanalytischen Entdeckungen haben weitgehend dazu beigetragen, sie als psychologische Entwicklungen anzusehen, was keineswegs mögliche, aber wenig bekannte somatische Einflüsse ausschließt.

Wir nehmen als Beispiel die Reaktion beim Verfolgungswahn. Als Grundlagenarbeit ist der psychoanalytische Kommentar anzusehen, den Freud 1911 zur Autobiographie des Senatspräsidenten Schreber gegeben hat. Freud weist darin nach, daß der Verfolgungswahn eine Abwehr gegen den Vaterkomplex und insbesondere gegen die passive homosexuelle Komponente der infantilen Sexualität ist; sie geht auf einen doppelten Mechanismus zurück, auf den Mechanismus der Negation (ich liebe ihn nicht, ich hasse ihn) und auf den der Projektion (ich hasse ihn, weil er mich verfolgt); die Abwehr gegen die unbewußte Homosexualität tritt ebenfalls in der Erotomanie und der Eifersucht auf. Einen Gegenbeweis liefert die Tatsache, daß bei der Behandlung der Homosexualität gelegentlich eine unbegründete Eifersucht auftaucht (Lagache, 1949).

Auf Grund zahlreicher Fälle ist es zulässig, die Auffassung, der Verfolger sei das homosexuelle Objekt, allgemein gelten zu lassen; die Homosexualität wäre demnach ein Mittelding zwischen Narzißmus und Heterosexualität, gekennzeichnet durch eine Regression oder eine Rückentwicklung. Die Arbeiten holländischer Psychoanalytiker haben gezeigt, daß eine Fixierung in der frühen analen Phase besteht, in der die Einverleibung, der die Zerstörung folgt, mit Hilfe des Anus vor sich geht; andere Formen der Einverleibung treten ebenfalls in Erscheinung; daraus ergibt sich, daß der Verfolger nicht nur ein homosexuelles Objekt darstellt, sondern einen überbesetzten und auf die Person des Verfolgers projizierten persönlichen Zug oder Körperteil, vor allem geht es hier um die Fäzes und das Gesäß; die Verfolgung wird intestinalen Empfindungen gleichgestellt.

Diese Reprojizierung persönlicher Merkmale oder Körperteile auf eine außenstehende Person wirkt sich auf das Überich aus; die Idee der Verfolgung, des Einflusses, der Schuld, die Stimmen, der Widerhall des Denkens und die Erklärung von Handlungen entsprechen der Projizierung von Haltungen der Selbstbeobachtung und der Selbstkritik in den sozialen Raum. Es wird klar, welche Rolle der Einsatz des Überichs in der Entwicklung dieser Haltungen spielt; und doch ist das Überich im allgemeinen das Ergebnis der Identifizierung mit einem gleichgeschlechtlichen Objekt; so kommt man über einen Umweg auf die Vorstellung zurück, daß der Verfolger ein homosexuelles Objekt ist.

Die Perversionen

Die Bezeichnung Perversion unterscheidet die Fälle nach zwei Kategorien: 1. Störungen des sexuellen Verhaltens, die sich hauptsächlich in Anomalien des sexuellen Objekts oder Ziels

äußern (Homosexualität, Fetischismus, Sadismus, Masochismus);
2. »unwiderstehliche« Gewohnheiten; die häufigsten Beispiele sind
die Toxikomanien und die Dipsomanien. Der Ausgangspunkt
der psychoanalytischen Theorie war die Entdeckung der kindlichen Sexualität und die Übereinstimmung der sexuellen Ziele
der Perversen mit denen der Kinder (Freud, 1905). Die Beziehung zwischen der Perversion und dem neurotischen Symptom
stellte sich folgendermaßen her: der Perverse zeigte sich als ein
Individuum, das nach einer Frustration auf ein infantiles se-
xuelles Verhalten zurückgegangen war; das psychoneurotische
Symptom war ebenfalls eine Reaktion auf die Frustration, unterschied sich aber von der Regression oder war eine Abwehr
gegen die Regression; die Neurose war also die »Umkehrung der
Perversion«.

Aber diese Auffassung war unzulänglich. Die sexuelle Perversion ist nicht unorganisiert und polymorph wie die des Kindes;
sie beschränkt sich nicht auf die vorläufige Lust; nur ist es so,
daß das vorherrschende, den genitalen Orgasmus ermöglichende
Verhalten nicht dem genitalen Verhalten des Erwachsenen entspricht, sondern durch ein perverses ersetzt wird. Bei den typischen Perversionen wird die Vorrangigkeit des normalen Ge-
nitalverhaltens durch den Ödipuskomplex verhindert, durch die
Intensität der Kastrationsangst und der Schuldgefühle. Wenn
das perverse Verhalten den genitalen Orgasmus ermöglicht,
dann nur, weil es gleichzeitig eine Befriedigung und eine Abwehr gegen die Kastrationsangst und bestimmte verdrängte Elemente der infantilen Sexualität darstellt. Die fixative Wirkung
sexueller Erlebnisse in der Kindheit liegt darin, daß diese Befriedigung und Sicherheit verbinden.

Man findet also in den sexuellen Perversionen die Kompromisse
zwischen Befriedigung und Abwehr wieder, die für den neurotischen Konflikt bezeichnend sind. Ebenso verbindet sich in den
»impulsiven Neurosen« (wie Toxikomanien und Dipsomanie) die
nichtsexuelle oder die entstellte Befriedigung aggressiver oder
sexueller Tendenzen mit der Abwehr gegen eine unbewußte
Gefahr, eine Bedrohung eines narzißtischen Bedürfnisses nach
Liebe, Anerkennung, Sicherheit. Die überaus große Abhängigkeit steht in Zusammenhang mit einer oralen Fixierung als der
Synthese von Befriedigung und Sicherheit; dies führt zu einer

gewissen Ähnlichkeit dieser Kranken mit den Depressiven; tatsächlich sind die Toxikomanie und die dipsomanische Krise häufig eine Abwehr gegen die Depression.

Die Charakterneurosen

Man bezeichnet mit diesem Begriff Neurosen, bei denen an die Stelle der psychoneurotischen Symptome pathologische Züge der Persönlichkeit und des Verhaltens treten; es sind also die »Charakterstörungen« gemeint. Typisch für diese Störungen ist vor allem die Starrheit der Reaktionen auf innere und äußere Reize, aus der sich als Folge eine verminderte Plastizität und weniger reiche Möglichkeiten der Persönlichkeit ergeben.

Wie beim psychoneurotischen Symptom beruht das pathologische Verhaltensmerkmal im wesentlichen auf der Abwehr eines »unbewußten Wunsches« und hat seinen Ursprung in einer Kindheitsneurose. Wenn der gefährliche Trieb weder befriedigt noch sublimiert und auch nicht in ein psychoneurotisches Symptom integriert werden kann, dann bleibt als einzige Lösung die Reaktion gegen diesen Trieb, und diese kann in Form von Hemmungen oder in »Reaktionsbildungen« bestehen. Das Verhalten kompliziert sich durch mehr oder weniger entstellte Ausdrucksformen des verdrängten Triebes oder eine sekundäre Abwehr gegen die primäre. So sind zum Beispiel Gefühlskälte und Intellektualisierung eine Abwehr gegen die Angst vor Gefühlen.

Ein Mann kann sich gegen die Kastrationsangst wehren, indem er passive weibliche Tendenzen entwickelt, und auf die Abwehr mit einem »supermännlichen« Verhalten reagieren. Beim Verhalten des Mitleids bestehen, wenn es sehr stark ausgeprägt ist, wahrscheinlich Verbindungen zu ursprünglich sadistischen Tendenzen. Eines der bezeichnendsten Beispiele ist das des Asketen, der sein ganzes Leben damit verbringt, seine Triebe zu bekämpfen. Die Entstehung und Dynamik dieser pathologischen Verhaltensmerkmale lassen es als gerechtfertigt erscheinen, sie als neurotisch zu bezeichnen. Der wichtigste Unterschied zum psychoneurotischen Symptom liegt in der Beständigkeit der Merkmale und in der Tatsache, daß sie im allgemeinen nicht als fremd empfunden werden. Daraus ergeben sich Schwierigkeiten

Zeichnen und Malen sind wichtige Hilfsmittel bei der psychischen Behandlung von Kindern.

für die Analyse, die nur möglich ist, wenn der latente Konflikt verschärft wird und der Patient Abstand gewinnen kann.

Die Bedeutung der Charakterneurosen ist in den letzten zwanzig Jahren immer mehr in den Vordergrund gerückt. Im Laufe ihrer Entwicklung hat die Psychoanalyse der Analyse des Ichs und der Abwehrmechanismen den ersten Platz eingeräumt. Anderseits haben sich auch die Neurosen selbst entwickelt: Neurosen mit scharf im Verhältnis zur Persönlichkeit umrissenen Symptomen, etwa den hysterischen Symptomen, gehören einer Zeit an, in der die erzieherische Einstellung zu den Trieben ihrerseits klar definiert war. Mit der Lockerung des Moralbegriffs hat die neurotische Persönlichkeit an Konsistenz verloren, die Symptome sind verschwommener, gehen mehr in der Gesamtpersönlichkeit auf. Im allgemeinen ist es so, daß Gesellschaften mit unterschiedlichen Wertbegriffen und Erziehungsmaßstäben verschiedenen Neurosen entsprechen. Fenichel drückte es etwa so aus (1945): die Unbeständigkeit der zeitgenössischen Gesellschaft ist gekennzeichnet durch den Konflikt zwischen dem Ideal der individuellen Unabhängigkeit, das durch den Aufschwung des Kapitalismus bestimmt wird, und dem regressiven Bedürfnis nach passiver Abhängigkeit, das durch die Schwäche des einzelnen im Hinblick auf die Güterverteilung und Sicherheit und durch die Erziehungsmaßstäbe als Folge der sozialen Notwendigkeit der Autorität bestimmt wird.

Der Konflikt zwischen dem Bedürfnis nach Abhängigkeit und dem nach Unabhängigkeit ist der Kern zahlreicher Charakterneurosen.

Die kriminellen Verhaltensweisen

Die Psychoanalyse hat eine entscheidende Rolle bei der Neuorientierung der Kriminologie gespielt, indem sie sie auf die Untersuchung der Persönlichkeit und des kriminellen Verhaltens ausrichtete (Healy, De Greeff). Vor allem seit den zwanziger Jahren begann man aktiv mit den Untersuchungen, die man bei Erwachsenen (Reik, Alexander und Staub, Alexander und Healy), bei Kindern und Jugendlichen (Aichhorn, Zulliger, Schmiedeberg, Friedlander, Bowlby) anstellte.

Die Schwierigkeit der Untersuchungen liegt in den sozialen und vor allem psychologischen Voraussetzungen, das heißt in der Einstellung des Kriminellen zu seiner Tat, die er weder als bedauerlich noch als schuldhaft empfindet. Sicherlich ist der Verbrecher in 20 Prozent aller Fälle ein Kranker. Unter den pathologischen Verbrechen ist das neurotische eine an die Wirklichkeit nichtangepaßte Handlung, deren Sinn darin besteht, eine innere Spannung zu verringern.

Die 1915 von Freud gegebene Erklärung des Verbrechens durch ein bereits vorher bestehendes Schuldgefühl erweist sich in einer bestimmten Anzahl von Fällen als richtig. Aber meistens sind die Verbrecher zunächst einmal mit der Gesamtheit der Bevölkerung vergleichbar. Sie gehorchen Motivationen, denen im allgemeinen nicht nachgegeben wird, da die Furcht und die Achtung vor dem anderen es verhindern. Das eigentliche Problem ist also der »Übergang zur Tat«. Er wird verständlicher, wenn man daran denkt, daß jede Handlung in bezug zu einer Wertskala steht. Der Verbrecher handelt nach einem Kodex individueller Werte oder der Werte einer Gruppe, meist einer Gruppe, die im Verhältnis zu einer größeren Gemeinschaft eingeschränkt ist; nun setzt aber die Zugehörigkeit zu einer Gruppe im wesentlichen die Identifizierung voraus; in einer normativen Entwicklung sozialisiert sich die Persönlichkeit, und sie sozialisiert sich, indem sie sich identifiziert. Die Prädisposition für ein kriminelles Verhalten beruht auf Anomalien der Sozialisierung, der Identifizierungen und der Entstehung des Überichs.

Auch hier vollzieht sich, was immer die Rolle der Vererbung sein mag, die Differenzierung der konstitutionellen Prädispositionen nur durch einen Lernvorgang. Verschiedene Umstände können zusammenkommen. In einigen Fällen vollzieht sich die Identifizierung mit einem Menschen oder einer Gruppe, deren Wertkodex nicht dem der Gemeinschaft entspricht: wenn etwa ein Kind bei Eltern aufwächst, die selbst Diebe sind. Oder aber die Identifizierung erfolgt mit den schlechten Seiten eines Menschen der Umgebung oder mit einer pathologischen Persönlichkeit. Ein besonders häufiger und wohlbekannter Fall ist sicherlich der, bei dem die erzieherischen Voraussetzungen während der frühen Kindheit (häufige Veränderungen, Lieblosigkeit, inkonsequente Erziehung) die Entwicklung fester Gefühlsbindungen zur Umwelt und vor allem zur Mutter nicht ermöglicht haben. Daraus ergeben sich Unzulänglichkeiten und Anomalien bei der Identifizierung und der Entstehung des Überichs, Auflehnung gegen die Autoritäten, das Festhalten an einem kindlichen Ideal der Allgewalt und die sado-masochistische Art der zwischenmenschlichen Beziehungen.

Das eingehende Studium der Lebensgeschichte jugendlicher Verbrecher genügt oft schon, bestimmte Ursachen des kriminellen Verhaltens darzulegen. In einer eindrucksvollen Untersuchung hat Bowlby eine Gruppe von 44 vorbestraften Jugendlichen (Dieben) mit einer entsprechenden Gruppe von 44 schwer erziehbaren Kindern verglichen. Die statistische Auswertung der klinischen und biographischen Gegebenheiten zeigt die Häufigkeit des »indifferenten« Typs bei den rückfälligen Dieben und bei diesen Indifferenten die Häufigkeit schwerer Störungen in der Mutter-Kind-Beziehung, etwa infolge längerer Krankenhausaufenthalte. Anstatt zu lernen, die sofortige Befriedigung seiner Bedürfnisse durch das Bedürfnis, von seiner Mutter geliebt und geachtet zu werden, zu ersetzen, verstrickt sich das Kleinkind ausweglos in ein Gewirr von Enttäuschungen, Wut, Schuldgefühlen und Gleichgültigkeit, wobei diese Gleichgültigkeit als Abwehrreaktion gegen Enttäuschung und Aggression zu verstehen ist. Der Diebstahl, bei dem es oft um Lebensmittel oder um Geld zum Erwerb von Lebensmitteln geht, ist ein Ersatz für die Mutterliebe.

In anderen Arbeiten, vor allem in denen von René Spitz, wird nachgewiesen, daß diese ungünstigen erzieherischen Voraussetzungen in der ganzen frühen Kindheit nicht nur nachteilige Auswirkungen auf die Identifizierung, sondern auf die gesamte Entwicklung des Organismus haben. Tatsächlich aber ist es so, daß die Untersuchung der Persönlichkeit von Kriminellen häufig Mängel des Ichs aufdeckt, wie Fehlurteile oder die Unfähigkeit, die Erfahrung richtig zu verarbeiten und bei zukünftigen Ereignissen zu berücksichtigen. Zusammenfassend läßt sich über die vorherrschenden Tendenzen der psychoanalytischen Forschung folgendes sagen: man geht von der Disposition für strafbare Handlungen aus, die hauptsächlich auf einem Fortbestehen der kindlichen Ichbezogenheit beruht und mit Anomalien der Identifikation und folglich der Sozialisierung verbunden ist.

Körperliche Störungen

Dieses Kapitel soll den »körperlichen Störungen« gewidmet sein, und dies nicht nur wegen der Bedeutung, die die Psychoanalyse in den letzten Jahrzehnten durch die Entwicklung der »psychosomatischen Medizin« erlangt hat, dem Teilgebiet der Medizin, das, wie Osler ausführt, sowohl die emotionellen als auch die physiologischen Mechanismen der individuellen Krankheitsprozesse berücksichtigt und die wechselseitige Wirkung dieser beiden Faktoren sowie ihren Einfluß auf das Individuum ausdrücklich als Ganzes betrachtet.

Die psychosomatische Medizin, ja allein schon der Begriff (Fenichel) mag Anlaß zu mancherlei Kritik geben; fest steht jedoch, daß sich eine solche Untersuchung ausgezeichnet dazu eignet, sich über die zwischen der Psychoanalyse und der Biologie und Medizin bestehenden Verbindungen klarzuwerden. In weiten Kreisen besteht die irrtümliche Auffassung, die Psychoanalyse sei einseitig auf rein psychologische Erklärungen ausgerichtet. Vor allem zwei Gründe haben zu diesem Irrtum geführt: der erste liegt in der Schwierigkeit, die sich bei der Begriffsbestimmung und Formulierung der Fakten und Hypothesen auf Grund der Dichotomie des Physischen und Seelischen ergeben hat. Sobald nicht rein anatomisch-physiologische Erklärungen angeboten werden, sind viele der Meinung, man habe sich für eine psychologische Kausalität entschieden. Der zweite Grund ist heuristischer Art: die Auswertung der psychoanalytischen Hypothesen und Methoden hat zu Versuchen – und folglich auch zu Irrtümern – in den verschiedensten Richtungen, vor allem in der »psychogenetischen«, geführt.

Richtiger ist es jedoch, sich die Entwicklung der Psychoanalyse als eine Dialektik zwischen dem »Biologismus« und dem »Kulturalismus«, der Reifung und dem Lernen, vorzustellen. Alle Kritik, die an der Psychoanalyse geübt wird, hat eines gemeinsam: sie vermittelt eine Klischeevorstellung, ein schematisiertes, starres Bild. Wie die übrigen Disziplinen der Biologie und Psychologie hatte auch die Psychoanalyse alle Mühe, den Dualismus von Physis und Psyche zu überwinden. Sie bedeutete jedoch von Anfang an und mehr als alle anderen einen Fortschritt auf dem Weg zur Untersuchung des gesamten Organismus im Kontakt mit den verschiedenen Situationen. So gesehen ist die terminologische Unterscheidung zwischen »Organismus« und »Persönlichkeit« nur verbal: es gibt keinen Organismus, der sich nicht in bezug auf Situationen verhält, und es gibt keine Persönlichkeit ohne Körper.

Die beiden Reaktionsgruppen fügen sich ineinander, ergänzen sich, bilden ein Ganzes. Beim Tier, das angreifen oder fliehen muß, kommt es zu einer Ausscheidung von Adrenalin, Glykogen wird frei, der Blutdruck steigt, der Puls wird beschleunigt, die Blutgerinnungszeit verkürzt sich; diese physisch-chemischen Veränderungen des Organismus lösen beim Tier die Vorgänge des Trinkens, Fressens, der Paarung und des Schlafens aus. Die genannte Unterscheidung, die von Cannon eingeführt wurde, außerhalb seiner Arbeiten aber kaum Anwendung fand, bringt aufschlußreiche Begriffe und Formulierungen, die das Verhalten und die Krankheiten aus der Sicht der Gesamtheit des Organismus verständlich machen.

Die Konversionshysterie

Der Bereich der Konversionshysterie entspricht in etwa dem der herkömmlichen Hysterie. Die offensichtlichsten Symptome der Neurose sind somatische Äußerungen funktioneller Art, zum Beispiel eine hysterische Lähmung oder Blindheit, deren chronischer Verlauf in manchen Fällen anatomisch irreversible Veränderungen nach sich ziehen kann. Wie jede Neurose ist die Konversionshysterie ein Kompromiß zwischen den sexuellen oder aggressiven Tendenzen und der Abwehr des Ichs. Das Besondere liegt darin, daß sich der Konflikt in körperlichen Symptomen, die eine Ersatzbefriedigung unbewußter Wünsche und Phantasievorstellungen sind, äußert.

Das Symptom bringt eine Entspannung, wenn auch eine unvollständige. Vor allem das Symptom, das einen Sinn aufweist, kann wie ein Traum gedeutet werden. Es verhält sich wie bei einem Traum, dem die körperliche Plastizität Ausdruck verliehe. Bestimmte Theoretiker haben den Bereich der Konversion unbegrenzt ausgedehnt. Alexander würde ihn gern auf die motorischen und sensorischen Funktionen beschränken. Fenichel ist der Ansicht, daß eine so scharfe Abgrenzung nicht möglich ist. In einem Punkt stimmen alle überein, daß nämlich die Konversionserscheinungen den Versuch einer Reaktion bedeuten und daß sie einen Sinn haben.

Die vegetativen Neurosen

Alexander hat besonders den Unterschied zwischen den Konversionssymptomen und den »vegetativen Neurosen« hervorgehoben. Bei der vegetativen Neurose sind die physischen Symptome nicht wie bei der Konversion als Ersatz für verdrängte Gefühle zu betrachten; es sind ihre physiologischen und normalen Begleitumstände, die in dieser Hinsicht eine Vorbereitung des Organismus auf die Handlung darstellen, allerdings nur eine rein körperliche Vorbereitung; um eine vollständige Anpassung und folglich Entspannung zu erreichen, bedarf es einer der Wirklichkeit angepaßten Handlung oder wenigstens eines angemessenen Ausdrucks der Emotion. Der chronische Charakter einer solchen Voraussetzung macht sie krankhaft und pathogen. Hier haben die körperlichen Symptome keine psychologische oder symbolische Bedeutung, sie sind lediglich direkte oder indirekte physische Folgen des Konflikts. Eine vegetative Neurose wie der erhöhte Blutdruck ist nicht der Versuch, ein Gefühl auszudrücken oder einen Konflikt zu lösen, er ist die ständige oder regelmäßig wiederkehrende physiologische Begleiterscheinung rückläufiger emotioneller Zustände.

Das »Säfte-Geschwür« wurde vor allem von Alexander und der Chikagoer Schule untersucht: die »gastrische Neurose«

besteht in chronischen Störungen von Motorik und Sekretion des Magens. Sie ist nicht der Ausdruck oder das Abströmen eines Gefühls, sondern seine physiologische Begleiterscheinung. An ihr leiden Kranke, die liebebedürftig sind, die möchten, daß man sich um sie kümmert, die »nach Liebe hungern«, die somit Bedürfnisse empfinden, die sie auf Grund von Schuldgefühlen oder Scham nicht befriedigen können und die folglich unbefriedigt bleiben. Nun sind aber solche Bedürfnisse eng mit dem Wunsch, ernährt zu werden, verknüpft; sie lehnen sich also an die erste der Lebenssituationen an, in denen das Kind die Befriedigung erfahren hat, von seiner Mutter geliebt und umsorgt zu werden. Das ständige Bedürfnis, geliebt zu werden, kann also die Motorik und die Sekretion des Magens stimulieren. Die gastrischen Symptome sind die physiologischen Folgeerscheinungen der passiven Erwartung der Nahrung, sie sind das physiologische Gegenstück eines Gefühls und nicht sein Ersatz. Wird das Bedürfnis, geliebt und umsorgt zu werden, auf die eine oder andere Weise, etwa durch eine Kur im Sanatorium, befriedigt, verschwinden die Symptome. So entstehen viele funktionelle Krankheiten auf allen Gebieten der Pathologie auf Grund der Wechselwirkung von psychologischen und physiologischen Mechanismen. Auch die Entwicklung einer Infektion kann durch Emotion und Arterienspasmus begünstigt werden.

Die intensive Auswertung der »psychosomatischen« Hypothesen hat zu Übertreibungen geführt und Vorbehalte ausgelöst. Fenichel hat versucht, die Dinge richtigzustellen. Das weite Feld zwischen Konversionserscheinungen und rein physisch-pathologisch erklärbaren körperlichen Störungen ist nach Fenichel wie folgt zu gliedern: 1. die Affektäquivalente, die aus dem physiologischen Gefolge eines Gefühls bestehen, dessen psychischer Inhalt verdrängt ist; Beispiel: körperliche Angstäquivalente (Freud), bestimmte Herzneurosen; 2. die chemischen Störungen des unbefriedigten Menschen wie die Aktualneurosen Freuds, die sich in einer Verminderung der Ichfunktionen auf Grund der im Konflikt verbrauchten Energie äußern und positive Symptome zeigen: unangenehme Spannungsgefühle, unverständliche Neigung zu unangepaßten Gefühlsentladungen (Angst, Wut); 3. die physischen Folgen unbewußter affektiver Haltungen: zum Beispiel das Magengeschwür; 4. Verbindungen zwischen diesen verschiedenen Mechanismen und der Konversion; diese Verbindungen scheinen durchaus den Regelfall darzustellen und in der Pathogenese der »Organneurosen« vorzuherrschen.

Die somatischen Krankheiten

Um jedes Mißverständnis auszuschließen, muß darauf hingewiesen werden, daß der Begriff einer rein somatischen Physiopathologie gerechtfertigt bleibt. Das Zusammentreffen einer körperlichen Störung mit psychologischen Gegebenheiten reicht nicht aus, um daraus eine »Organneurose« zu machen. Dagegen muß man betonen, daß jede körperliche Erkrankung, wenn vielleicht nicht motiviert, so doch motivierend ist: die organischen Vorgänge wirken sich auf die individuellen Konflikte aus; der Traum von einer Schwangerschaft kann der medizinischen Feststellung eines Tumors vorangehen. Die pathologischen Vorgänge im Körper haben direkte Auswirkungen auf das Gefühlsleben, auf die Aktivität, auf das Wesen und die Stärke der Triebkonflikte, vor allem über das neurohormonale Bindeglied. Aber die Krankheit ist ebenfalls eine Lebenssituation, die gewöhnlich eine mehr oder weniger starke narzißtische Regression zur Folge hat; sie hat eine unbewußte Bedeutung: Kastration, Vernachlässigung durch das Schicksal; der Kranke kann mehr oder weniger bewußt versuchen, seine Krankheit zu verschlimmern, sich in sie zu flüchten; die Krankheit kann eine Kindheitsneurose wiederaufleben lassen, eine Neurose hervorrufen (Ferenczi: Pathoneurosen). In anderen Fällen kann eine somatische Krankheit die Neurose überflüssig machen, indem sie ein masochistisches Leidensbedürfnis befriedigt (Pathokur bei Fenichel).

Die aktuellen Probleme

Die Bedeutung der psychologischen Faktoren bei körperlichen Störungen wirft zahlreiche Probleme sozialer, wissenschaftlicher und therapeutischer Art auf. Auf sozialem Gebiet haben die Fortschritte der Medizin, zum Beispiel bei der Prophylaxe und der Behandlung ansteckender Krankheiten, die Verteilung der

Altersgruppen und ihre Pathologie verändert. Funktionelle und chronische Erkrankungen wie der erhöhte Blutdruck und allgemein die als »psychosomatisch« bezeichneten Krankheiten sind zu »sozialen Geißeln« geworden. Der praktische Arzt jedoch hat nicht die entsprechenden Voraussetzungen zur Behandlung von Störungen, die ihm in seiner Praxis so außerordentlich häufig begegnen: die Welt braucht Psychiater.

In den Vereinigten Staaten hat man großangelegte Forschungen angestellt und dabei psychologische und physiologische Untersuchungen, Anamnese und Tests zueinander in Beziehung gesetzt. Eine Synthese der Resultate wird kaum ohne die Psychoanalyse möglich sein, denn nur sie gewährleistet eine scharfe Analyse der Gegebenheiten. Man hat versucht, Verbindungen zwischen der Pathologie und der Biotypologie nachzuweisen; die wirklich verläßlichen Ergebnisse beschränken sich auf die Feststellung, daß Zusammenhänge zwischen bestimmten Krankheiten und bestimmten emotionellen Konstellationen gegeben sind. Auf dem Gebiet der Therapie befaßt man sich mit pathologischen Zuständen psychologischen Ursprungs, die aber in solchem Maße somatisch geworden sind, daß eine sofortige physische Behandlung notwendig ist.

Was die Psychoanalyse betrifft, so wird sie zunächst in Form einer Untersuchungsanalyse eingesetzt, um die Bedeutung der unbewußten psychologischen Faktoren festzulegen und eine dynamische Diagnose zu stellen. Symptome ohne psychologische Bedeutung brauchen nicht analysiert zu werden; sie fallen weg, wenn die Ausgangshaltung, das heißt die Angst oder die Hindernisse, die sich der Entladung entgegenstellen, analysiert worden ist. Vor allem für die körperlichen Störungen neurotischen Ursprungs haben Alexander und die Chikagoer Schule nach kurztherapeutischen Verfahren gesucht und sie empfohlen. Aber diese Art Verfahren kann bestenfalls bei den traumatischen Neurosen und akuten äußeren Konflikten angewandt werden. Die psychoanalytische Erfahrung zeigt, daß die »psychosomatischen« Störungen, die bei jeder Neurose und jeder psychoanalytischen Behandlung gang und gäbe sind, in vielen Fällen auf tiefgreifenden Veränderungen der Persönlichkeit beruhen und folglich sehr sorgfältige und langwierige Eingriffe erforderlich machen.

Die psychoanalytische Behandlung

Die Darstellung der psychoanalytischen Behandlung ist aus verschiedenen Gründen nicht ganz leicht. Ein abstrakter Abriß kann nicht die Geschichte eines Falles und schon gar nicht die Erfahrung einer Psychoanalyse ersetzen. Die Vielzahl der therapeutischen Situationen und Entwicklungen verbietet jede Verallgemeinerung. Die Methode ist nicht einheitlich, und annähernde Übereinstimmungen sind auf Grund unterschiedlicher Deutungen und Formulierungen nur schwer zu erkennen. Das, was man tut, und das, was man schreibt, ist nicht das gleiche, und viele Dinge erfährt man nur vom Hörensagen. Die Erläuterung der psychoanalytischen Behandlung hat die Aufstellung von Theorien ermöglicht, die ihrerseits wiederum nötig sind, um die Behandlung zu verstehen. Wie dem auch sei, die Methode hat eine Entwicklungsgeschichte, und die Arbeiten Freuds zeigen, daß sie Fortschritte gemacht hat.

Alle wesentlichen Grundbegriffe wurden von Freud dargelegt, und man findet sie mühelos in den »Studien über Hysterie« (1895) wieder. Nur die jeweilige Bedeutung dieser grundlegenden Aspekte hat sich geändert. Die weitere Entwicklung der methodischen Begriffsbestimmung und die Betonung bestimmter theoretischer Vorstellungen bewirkten eine Veränderung der Ausrichtung und Akzentsetzung. Ursprünglich stand der Begriff des dynamischen Unbewußten im Vordergrund, und die Analyse bestand vor allem in einer Analyse unbewußter Inhalte (A. Freud). Mit der Entwicklung der topischen Perspektive konzentrierte sie sich auf die Analyse des Ichs und der Abwehrmechanismen; besonderes Gewicht erhielt die Erkenntnis, daß erst der Widerstand beseitigt werden muß, ehe man sich dem unbewußten Inhalt zuwendet. In den letzten beiden Jahrzehnten richtete sich das theoretische Interesse auf die Beziehung zu den inneren und äußeren Objekten, und methodisch rückte das Problem der Kommunikation zwischen Patient und Analytiker in den Vordergrund.

Natürlich kann sich die Methode noch weiterentwickeln. Mit anderen Worten, es gibt noch eine ganze Menge auswertbarer Informationen und Ideen. Aber die psychoanalytische Methode ist doch inzwischen soweit vervollständigt und fixiert, daß sich bestimmte charakteristische Grundzüge erkennen lassen.

Die Vorbesprechung

Die psychoanalytische Behandlung ist eine medizinische Behandlung, und ihrer Anwendung muß eine klinische Untersuchung durch einen kompetenten Arzt vorausgehen. Der Psychiater ist sich darüber klar, daß die Psychoneurosen, die Hemmungen, die psychosexuellen Störungen und Charakterstörungen der Psychoanalyse eher zugänglich sind als die Kriminalität oder die Psychose. Ein erfahrener Psychoanalytiker kann mit ziemlicher Sicherheit angeben, ob eine Psychoanalyse Aussicht auf Erfolg hat oder nicht, und er stützt sich dabei nicht nur auf die Diagnose, sondern berücksichtigt ebenfalls die Möglichkeiten und Grenzen seines Patienten, seine Lebensumstände, seine Zukunftsaussichten, seine Kommunikationsfähigkeit und so weiter.

Die eingehende Untersuchung von Einzelfällen ist das Charakteristische klinischer Methoden, und die Psychoanalyse kann als »superklinisch« angesehen werden. Der Ausgangspunkt ist allerdings ein anderer als bei der gewöhnlichen psychiatrischen Untersuchung. Auf Grund der besonderen Beachtung, die von Anfang an den Wechselwirkungen zwischen Patient und Analytiker beigemessen werden muß, geht der Analytiker bei seiner Untersuchung vorsichtiger vor, etwa bei der Fragestellung oder der Antwort.

Hat sich klar ergeben, daß eine Psychoanalyse notwendig ist, dann sollte die erste Kontaktaufnahme nicht weiter ausgedehnt werden. Ist man sich über die Indikation nicht ganz schlüssig, so kann mit der Behandlung nur versuchsweise begonnen werden. Hegt man noch Zweifel an der Diagnose und läßt sich eine Prognose nur unter Vorbehalt stellen, wenn etwa ein Verdacht auf Psychose (Beispiel: Schizophrenie) besteht oder wenn die Symptome möglicherweise organisch bedingt sind (Beispiel: Epilepsie), müssen zunächst alle Möglichkeiten im Rahmen der Klinik und des Laboratoriums wahrgenommen werden, und eventuell sollte man den Patienten später zu einem anderen Psychoanalytiker schicken. Mit anderen Worten: man beginnt eine Psychoanalyse nur dann, wenn man im Besitz wenn auch nicht aller, so doch ausreichender Angaben ist.

Es wird von verschiedenen Seiten der Vorschlag gemacht, eine eingehende Untersuchung der Krankheit, der Persönlichkeit und der Lebensgeschichte des Patienten vorzunehmen, um so schnell wie möglich einen Gesamteindruck zu gewinnen und die Behandlung des Falls danach auszurichten; auf diese Weise soll die Behandlung unter Anwendung der Neurosentheorie abgekürzt werden (Alexander). Diese »Strategie« ist zwar verführerisch, aber gewagt: das Kernstück der Neurose ist nicht der Ödipuskomplex ganz allgemein, sondern eine bestimmte Form des Ödipuskomplexes oder eine ganz bestimmte »Ausgangsneurose«, deren Entstehung weiter zurück und tiefer liegt; der Patient kann nur schrittweise lernen, mit seinen Konflikten fertig zu werden, indem er ihnen in immer neuen Erscheinungsformen gegenübertritt. Soweit uns bekannt, erscheint bei der psychoanalytischen Behandlung nach wie vor ein bedächtiges, geduldiges Vorgehen angebracht. Trotz der gebotenen Vorsicht ist der Analytiker dem Patienten auf Verstandesebene ein Minimum an Erklärungen zu seinem Fall und zu den Mitteln und Zielen der Behandlung schuldig.

Eine Frage, die eigentlich immer gestellt wird, bezieht sich auf die Dauer der Behandlung. Hier muß sich der Psychoanalytiker sehr zurückhaltend äußern: bei einer psychologischen Struktur, die Jahre oder Jahrzehnte bestanden hat, kann man kaum mit einer schnellen Beseitigung rechnen: als Anhaltspunkt, nicht mehr, kann man eine Dauer von zwei Jahren angeben; um so erfreulicher, wenn eine Besserung eintritt, bevor man von Heilung oder Abschluß der Behandlung sprechen kann. Dem Patienten wird gesagt, daß es gefährlich ist, grundlegende Änderungen in seinem Leben vorzunehmen, bevor die Behandlung abgeschlossen oder weit genug fortgeschritten ist; anfangs ist er dazu nicht in der Lage; im Verlauf der Behandlung kann ihn die Analyse vorübergehend verändern; die Zuflucht zur impulsiven, in der Realität begangenen Handlung, die Hoffnung, »den gordischen Knoten zu durchschneiden«, ist ein Widerstand gegen die Lösung des unbewußten Konflikts. Ein akuter Konflikt oder die unbedingte Notwendigkeit einer Entscheidung sind keine Indikationen der Analyse: entweder muß die Behandlung oder die Entscheidung aufgeschoben werden. Schon bei dieser ersten Vorbesprechung einigt man sich über die Häufigkeit, Termine, Honorare, voraussichtliche Unterbrechungen (Reisen, Ferien) der Behandlung.

Die äußeren Voraussetzungen der Behandlung

In der Anfangszeit der Psychoanalyse war es üblich, täglich Stunden abzuhalten. Heute hält man es für günstiger, möglichst lange nicht weniger als vier oder fünf Sitzungen durchzuführen; drei Sitzungen werden von zahlreichen Pariser Psychoanalytikern als Minimum bezeichnet; kürzere Abstände zwischen den Sitzungen erleichtern die Lösung der Schwierigkeiten und den Fortgang der Behandlung. Es ist ebenfalls klar, daß der Analytiker seinen Patienten um so besser beobachten kann, je häufiger er ihn sieht. Eine Sitzung dauert zwischen 45 und 55 Minuten. Weder die Häufigkeit noch die Dauer der Sitzungen können erheblich verkürzt werden, ohne daß sich dies auf den psychoanalytischen Wert der Behandlung auswirkt.

Der Patient legt sich auf ein Sofa, und der Analytiker setzt sich hinter ihn. In dieser Position kann sich der Patient völlig entspannen, und er kann sprechen, ohne den Analytiker anzusehen, ohne irgendeine seiner Reaktionen wahrzunehmen. Der Analytiker seinerseits ist auf diese Weise nicht gezwungen, sein Verhalten und seinen Gesichtsausdruck unter Kontrolle zu halten, und kann unbefangener zuhören, beobachten und deuten. Diese Voraussetzungen bilden die Grundzüge der typischen Behandlung, daneben gibt es jedoch bestimmte therapeutische Situationen, die Abweichungen von der Regel erfordern, ein Beispiel dafür wäre die Position, bei der Analytiker und Analysand einander ansehen.

Die Grundregel

Als Grundregel oder Regel der freien Assoziation bezeichnet man die Aufforderung an den Patienten, »alles, was ihm durch den Kopf geht«, zu sagen, auszusprechen, was er denkt und fühlt, ohne bewußt etwas Bestimmtes zu wählen oder irgend etwas auszulassen, selbst wenn er einen Gedanken lieber für sich behalten würde, selbst wenn er ihm absurd, überflüssig, für den Zusammenhang unwichtig erscheint. Tatsächlich kann aber niemand sprechen, ohne zu wählen und ohne auszulassen; genau genommen gibt es gar keine freien Gedankenassoziationen; die Gedankenassoziationen sind determiniert und eben dadurch aufschlußreich. Die Grundregel will lediglich die absichtliche Auswahl, die sich der getroffenen Wahl und der Gedankenvorgänge bewußt ist, ausschließen, um ein unwillkürliches Aussprechen zu begünstigen; so treten die unbewußten Abwehrreaktionen und Motive des Ichs in Erscheinung, die im verbalen Ausdruck mit allen Möglichkeiten des Patienten interferieren. Die Pausen, der Gesichtsausdruck, die Bewegungen und Haltungen sind ebenfalls ein Ausdrucksmittel, das das Gesprochene ergänzt oder ersetzt. Die Deutung und die Bearbeitung der Widerstände ermöglichen es dem Patienten, schrittweise die assoziativen Überlagerungen abzubauen. Das Erlernen der Grundregel ist ein Erlernen der freien Selbstäußerung und Kommunikation mit dem Mitmenschen.

Die Rolle des Psychoanalytikers

Der Psychoanalytiker muß beobachten, zuhören, verstehen, er muß abwarten und schweigen können und wird im geeigneten Moment die richtige Deutung geben. Freud hat diese Rolle in berühmten Formulierungen zusammengefaßt. Er warnt vor einer angespannten Aufmerksamkeit und empfiehlt eine »schwebende Aufmerksamkeit«, die ein rezeptiveres Verstehen ermöglicht; sie entspricht der von dem Patienten verlangten freien Assoziation. Freud rät dem Psychoanalytiker, wie ein »Spiegel« zu sein, der nur das wiedergibt, was man ihm vorhält; der Analytiker läßt nichts von sich selbst, seinem Leben, seinen Ansichten erkennen; die Selbstanalyse ermöglicht es ihm, die Überlagerungen seiner persönlichen und gefühlsmäßigen Reaktionen (Gegenübertragung) zu kontrollieren. Beratung und Lenkung des Patienten sind nicht zu vereinbaren mit der Spontaneität, die man von ihm erwartet, sie würden sein Abhängigkeitsgefühl verstärken beziehungsweise Auflehnung bei ihm hervorrufen. Die Rolle des Psychoanalytikers ist nicht autoritär, sie ist aber auch nicht die des Gewährenlassens. Die Behandlung soll so weit wie möglich in einem Zustand der »Abstinenz« erfolgen, das heißt die für sie benötigte Energie darf nicht in Ersatzbefriedigungen, innerhalb der Behandlung oder außerhalb, entweichen. Der Psychoanalytiker kann von pathologischen oder normalen Aktivitäten, die die Funktion neurotischer Abwehrreaktionen haben, abraten oder sie verbieten, im allgemeinen allerdings erst, wenn sie im psychoanalytischen Bereich zum Ausdruck gekommen sind. Die Anpassung der psychoanalytischen Umgebung und das methodische Vorgehen des Analytikers wirken zusammen und lockern die gewöhnlichen sozialen Beziehungen und die Kontrolle des Ichs; der Zustand der Analyse wurde verschiedentlich mit dem der Hypnose verglichen. In den letzten Jahren hat man immer wieder auf das Wirklichkeitsfremde, das Infantile der psychoanalytischen Behandlung hingewiesen. Dieses »Einklammern« der Realität ist jedoch für den Verlauf der Behandlung unbedingt nötig. Man darf nicht vergessen, daß der Patient hier ein ungewohntes Maß an Freiheit, Sicherheit und Verständnis findet und daß der Analytiker, obwohl er unsichtbar ist und sich ruhig verhält, seltsam gegenwärtig ist.

Die Übertragung und die Übertragungsneurose

Jede Psychotherapie beruht auf der Beziehung zwischen Therapeut und Patient. An die Stelle der klinischen Neurose tritt die therapeutische oder Übertragungsneurose. Die Aufgabe der

Psychoanalyse liegt darin, die Übertragungsneurose zu überwachen, zu deuten und zu behandeln.

Die analytische Übertragung besteht gewöhnlich in der Wiederholung bestimmter Haltungen gegenüber dem Analytiker, und zwar handelt es sich um unbewußte, freundschaftliche, feindselige oder ambivalente emotionelle Haltungen, die der Patient in seiner Kindheit im Kontakt mit seinen Eltern oder mit Menschen seiner Umwelt ausgebildet hat. Diese Definition beleuchtet einen wesentlichen Aspekt der Übertragung, daß nämlich der Patient durch die Handlung wiederholt, statt durch Nachdenken und Aussprechen zu erinnern. Aber die Wiederholung in der Beziehung zum Therapeuten zeigt nicht das ganze Ausmaß der Übertragung. Die Übertragung ist die eigentliche Aktualisierung eines unbewußten, in der Kindheit wurzelnden Problems im psychoanalytischen Bereich.

Zurück zur klinischen Neurose: nach einer in der Wirklichkeit erfahrenen Frustration regredierte der Patient bis zu einem Fixierungspunkt, der einer besonders problematischen Kindheitsphase entspricht. Die Symptome der Neurose sind ein Kompromiß zwischen den Kräften der Ichabwehr und dem Streben nach der Entladung verdrängter Tendenzen. Dieser Kompromiß ist keineswegs befriedigend, sondern unangenehm, und der Kranke möchte bewußt geheilt werden.

Hier nun der Patient im psychoanalytischen Bereich, der die Möglichkeit hat, sich frei über seine Wünsche auszusprechen. Die Abwehrreaktionen des Ichs widersetzen sich der Bewußtwerdung, der Formulierung und der Mitteilung des unbewußten Konflikts. Der Patient wird sich darüber klar und aktualisiert den Konflikt je nach den Ausdrucksmitteln, die ihm in seiner Situation zur Verfügung stehen, im Sprachgebrauch der Analyse, das heißt in Form symbolischer Äquivalente. Die Tochter eines herrschsüchtigen und heftigen Vaters wirft dem Psychiater vor, er lasse ihr keinerlei Freiheit und setze sie unter Druck. Der Sohn eines schweigsamen Mannes, der sich nie mit seinen Kindern beschäftigt hat, spürt das Schweigen des Analytikers und versucht, sein Interesse zu wecken und ihn zu einem aktiven Eingreifen zu veranlassen. Bei der Übertragungsneurose scheitert zwar der Erinnerungsprozeß, sie drängt aber den Konflikt in die aktuelle Realität der psychoanalytischen Situation.

Die Aufgabe der Deutung liegt darin, diese Wiederholung dem Denken, dem Wiedererkennen und der Kommunikation zugänglich zu machen.

Die Übertragung ist das Ergebnis der Wechselbeziehung zwischen der Persönlichkeit des Patienten und der psychoanalytischen Technik. Der Hang zur Übertragung geht in erster Linie auf die Tatsache zurück, daß das Ich des Patienten noch einmal den in die Kindheit zurückreichenden Konflikt aktiviert, der der Kern der Neurose war. Aber die analytische Umgebung ist doppeldeutig, sie ermutigt und enttäuscht; die verdrängten Strebungen sind erkannt, aber nicht befriedigt; die durch die Abstinenzregel bedingten Frustrierungen zwingen den Patienten zur Auseinandersetzung mit immer weiter zurückliegenden Problemen und drängen ihn in mehr und mehr regressive Formen der Übertragungsneurose.

Die Übertragungsneurose hat negative und positive Auswirkungen. Nähert sich der Analytiker Zonen, in denen verdrängte Wünsche verborgen sind, dann werden alle Abwehrkräfte, die diese Verdrängung bewirkt haben, gegen seine Bemühungen aufgeboten und im Übertragungswiderstand zum Ausdruck gebracht. Die Deutung stellt diese Widerstände in den verschiedenen Formen, in denen sie sich hartnäckig wiederholen, klar heraus (Bearbeitung). Allmählich wird der unbewußte Konflikt, das heißt die Kindheitsneurose, immer deutlicher. Die positiven Auswirkungen stellen sich, oft kaum merklich, als Rückkehr ein, als »Neubeginn« dessen, was verdrängt worden war.

Die Übertragung ist daher nicht, wie manchmal angenommen wird, ein besonderes Stadium der Behandlung. Sie muß, soweit es die Situation erlaubt, von Anfang an einsetzen und bis zum Ende der Behandlung andauern. Dank der Übertragung kann der Psychoanalytiker die die Neurose auslösenden Konflikte erfassen und reduzieren.

Die therapeutischen Ergebnisse

Das Ausmaß und die Vielschichtigkeit der Beobachtungen machen es schwer, allgemein über therapeutische Ergebnisse zu sprechen. Die psychoanalytische Behandlung ist nichts anderes als die Anwendung einer zu festumrissenen klinischen Formen genormten Methode. Die Unterschiedlichkeit therapeutischer Situationen ist durch zahlreiche Faktoren bedingt: Art der Krankheit, methodische Unterschiede, unterschiedliche Persönlichkeit des Analytikers und des Patienten und zwischen ihnen bestehende Wechselwirkung, günstige oder ungünstige äußere Umstände, Vor- und Nachteile einer Heilung und so weiter.

Hier stellt sich die Frage, was psychoanalytisch unter seelischer Gesundheit verstanden wird und welche Kriterien das Ende einer Analyse anzeigen. Allgemein nimmt man an, daß ein Fünftel der Analysen als technisch abgeschlossen angesehen werden kann. Das Verschwinden der Symptome ist nicht ausschlaggebend; der Patient kann sich »in die Gesundheit flüchten«, um der Analyse zu entgehen oder um dem Psychoanalytiker zu gefallen, das heißt auf Grund unbewußter Motive, die mit der tatsächlichen Gesundheit interferieren. Das Verschwinden der Symptome ist nur dann von Bedeutung, wenn es mit einer strukturellen Veränderung der Persönlichkeit verbunden ist. Psychoanalytisch gesprochen heißt das: das Bewußte muß an die Stelle des Unbewußten getreten sein, oder besser, das Ich muß da sein, wo das Es war (Freud), das Ich darf nicht mehr dem beherrschenden Einfluß des Es und des Überichs ausgesetzt sein, es darf nicht mehr unter dem Zwang der Wiederholung stehen, und das Realitätsprinzip muß das Lustprinzip ersetzt haben.

Ein solcher Sachverhalt äußert sich in psychologischen Anzeichen, deren wichtigste hier genannt werden sollen: 1. Befreiung von der Frustrationsangst, Fähigkeit, hohe Spannungen zu erzeugen und zu erdulden und auf befriedigende Weise zu verringern; 2. Beseitigung der Hemmungen und Fähigkeit, die eigenen Möglichkeiten zu verwirklichen: sexuelle Normalisierung, Befreiung der konstruktiven Aggressivität und der Gefühls- und Vorstellungsfunktion; 3. Anpassung der Strebungen an die Möglichkeiten des Individuums und an die Wirklichkeit; 4. Fähigkeit, bei den Verhaltensweisen die späteren Folgen des Verhaltens vorauszusehen und an der planmäßigen Verwirklichung einer Lebensvorstellung zu arbeiten; 5. Erleichterung der zwischenmenschlichen Beziehungen; 6. Verzicht auf übertrieben konformistische oder destruktive Haltungen und Ausgleich zwischen konservativen und schöpferischen Kräften. Natürlich geschieht es selten, daß ein solches Programm voll verwirklicht wird; Psychoanalytiker und Patient sollten sich vor der Illusion einer perfektionistischen, allmächtigen Analyse hüten. Es ist daher schwierig, genau anzugeben, wann eine Behandlung die Resultate erzielt hat, die man vernünftigerweise von ihr erwarten kann, und sie nicht zu früh und nicht zu spät abzubrechen.

Trotz der angeführten Schwierigkeiten haben unabhängig voneinander aufgestellte Statistiken derart bemerkenswerte Übereinstimmungen gezeigt, daß es R. Knight möglich war, sie in einer Gegenüberstellung zusammenzufassen (1941). Bei den Psychoneurosen, den Hemmungen, den psychosexuellen Störungen, den Charakterstörungen und den körperlichen Störungen, die auf einen Konflikt zurückzuführen sind, ist der Prozentsatz, bei dem Heilung oder merkliche Besserung eintritt, mit dem, der in der Therapie anderer medizinischer Teilgebiete erreicht wird, vergleichbar. Eine Verschlimmerung tritt sehr selten ein. Die Gefahr eines tödlichen Ausgangs in Form eines Selbstmords ist für die dazu veranlagten Patienten während der Behandlungszeit praktisch ausgeschlossen, und besondere Vorsichtsmaßnahmen sind nur dann nötig, wenn die Behandlung unterbrochen wird.

Ist die Heilung durch eine abgeschlossene Analyse als endgültig anzusehen? Im allgemeinen ja, und die Tatsachen sprechen eindeutig für diese Behauptung. Freud hat jedoch Einschränkungen gemacht (1937): es besteht stets die Möglichkeit, daß bestimmte unbewußte Konflikte nicht genügend aktiviert wurden; das kann auf die Lebensumstände des Patienten oder auf die besonderen Voraussetzungen der therapeutischen Situation zurückzuführen sein. Ein Rückfall ist dann möglich, weniger bei großen Belastungen als unter ganz bestimmten Umständen, die besonders geeignet sind, die Kindheitsneurose wiederaufleben zu lassen.

Die Heilmechanismen

Eine theoretische Abhandlung der therapeutischen Ergebnisse ist deshalb schwierig, weil die Behandlung ein langwieriger und komplexer Vorgang ist und zahlreiche Faktoren berücksichtigt

Im Szeno-Test baut das Kind Szenen, die dem Psychologen wichtige Hinweise auf die Ursachen seelischer Störungen geben können. Durch den obigen Szeno-Test wurden die Schwierigkeiten eines 8jährigen Mädchens aufgedeckt, dessen Eltern sich nicht um ihre Tochter kümmerten.

werden müssen, die in bestimmten Fällen außerhalb der Behandlung gegeben sind. Als weiteres Hindernis kommt hinzu, daß dieselben Mechanismen einmal als pathogen und einmal als normativ bezeichnet werden können, und es ist nicht einfach, unter all diesen Faktoren die zu erkennen, die nun tatsächlich für die Analyse erheblich sind. Vor zwei einander entgegengesetzten Vorurteilen sollte man sich hüten. Das erste ist die Annahme, es gehe bei der Behandlung um eine rein intellektuelle psychologische Analyse: es ist ein Versuch, eine Partie, die Patient und Psychoanalytiker spielen; von einer wirklichen Psychoanalyse kann man aber erst dann sprechen, wenn die Entwicklung und Lösung defensiver Konflikte durch Veränderungen im Wesen und Handeln des Patienten ihre Bestätigung erhalten. Das zweite Vorurteil besteht darin, daß man die Analyse als Entladung von Gefühlen ansieht, obwohl die Abreaktion nur vorläufige und unsichere Ergebnisse erzielt. Die treibende Kraft ist vielmehr die Alternanz des Patienten zwischen der unreflektierten Existenz des Ichs, das lebt, fühlt, handelt, und der reflektierten Haltung des Ichs, das denkt, sich erinnert, urteilt. Die Deutung soll die Entwicklung der Probleme ermöglichen und die Integration der Lösungen gewährleisten, indem sie immer wieder, so lange wie nötig, auf dieselben Konflikte, dieselben Abwehrreaktionen zurückkommt. Die Anwesenheit des Psychoanalytikers, seine Einsetzung an die Stelle des strengen Überichs des Patienten sowie die Identifizierung des Patienten mit dem Psychoanalytiker als eigenständiges Individuum sind von entscheidender Bedeutung. Man kann also sagen, daß das schrittweise Erlernen des freien Ausdrucks und die Errichtung einer angemessenen Kommunikation als wesentliches Mittel der Behandlung und als Kriterien ihrer Entwicklung anzusehen sind.

Varianten der psychoanalytischen Behandlung

Methodische Strenge oder Anpassung

Bei der Kritik, die gegen die Psychoanalyse vorgebracht wird, kommt immer wieder der Vorwurf der Strenge zur Sprache; er wird gern von bestimmten Patienten erhoben, die dadurch versuchen, den Psychoanalytiker von der Konsequenz und der Zurückhaltung abzubringen, die ihm die analytische Methode vorschreibt. Freud selbst hat zwar bestimmte »Regeln« aufgestellt, er hat aber stets darauf hingewiesen, daß ihre Anwendung auf die verschiedenen therapeutischen Situationen abgestimmt werden muß und daß genau abgewägt werden soll, was man dem Patienten verweigert (Abstinenzregel) und was man ihm zugesteht (Minimumregel). Der Analytiker bleibt so lange Analytiker, als er sich jeden Eingriffs enthält, der über die Deutung der Widerstände und der Übertragung hinausgeht und mehr ist als eine angebrachte Erläuterung eines Teils der unbewußten Bedeutung des Materials. Die Auswahl, der Zeitpunkt und die Formulierung dieser Deutungen lassen dem Psychoanalytiker Spielraum genug, sich methodisch anzupassen. Um bestimmten Anforderungen genügen zu können, hat man jedoch Varianten der psychoanalytischen Behandlung entwickelt, die vor allem in drei Fällen zur Anwendung kommen: bei psychischen Störungen von Kindern, bei Psychosen (vor allem den Schizophrenien) und bei Kriminalität.

Die Psychoanalyse bei Kindern

Das Kind eignet sich schlecht für die Anforderungen der typischen Behandlung, das heißt für das freie Aussprechen in ausgestreckter Position, ohne den Psychoanalytiker zu sehen. Der Analytiker kann zwar nicht auf das Aussprechen verzichten, er muß jedoch außerdem weitere Ausdrucksmöglichkeiten wie Zeichnen, Modellieren und Spielen anregen. Die Verschiedenheit der Ausdrucksmittel verändert das Wesen der Behandlung nicht grundsätzlich.

Kann sie jedoch aus tiefer liegenden Gründen auf anderen Prinzipien aufbauen als die Analyse des Erwachsenen? Diese Frage stand seit 1920 im Mittelpunkt der Auseinandersetzung, aus der die Psychoanalyse des Kindes hervorgegangen ist. Schon zu dieser Zeit vertrat Melanie Klein die Ansicht, daß die von Freud dargelegten Kennzeichen der psychoanalytischen Methode, besonders die Verwendung der Übertragung und des Widerstands, in der Technik des Spiels in vollem Umfang gegeben sind. Für Anna Freud (1926) liegt dagegen das therapeutische Problem anders: die primitiven Konfliktobjekte des Kindes sind in seiner Umgebung noch vorhanden, sie sind innerlich noch nicht angenommen und zur endgültigen Bildung des Überichs verarbeitet; daher kann ein Kind nicht in der gleichen Weise wie der Erwachsene eine Übertragungsneurose entwickeln. Das Kind kommt nicht aus eigenem Antrieb, erfüllt von dem Wunsch, geheilt zu werden, sondern wird von seinen Eltern geschickt. Der Analytiker muß mit der Umgebung seines Patienten in Verbindung bleiben, andernfalls verfügt er nur über ein Material von Träumen und Phantasiegebilden. Aus diesen Gründen muß er auch die Rolle des Erziehers übernehmen.

Technisch verläuft die Behandlung in zwei Phasen: in der ersten muß die negative Übertragung beseitigt und die Entwicklung der positiven gefördert werden; nur die zweite Phase ist rein analytisch. Melanie Klein ist der Meinung, daß die Prinzipien einer vorbereitenden Phase und erzieherischen Einwirkung sowie die Verminderung der negativen Übertragung und die Schaffung einer positiven die Entstehung einer echten psychoanalytischen Situation verhindern; die eigentliche analytische Arbeit bestehe darin, die negative Übertragung zu analysieren, wodurch die positive verstärkt werde, eine Verstärkung, die ihrerseits eine Verstärkung der negativen Übertragung nach sich ziehe. Diese unterschiedliche Auffassung von der Kinderanalyse beruht auf einer unterschiedlichen Auffassung von der Entwicklung des Kindes: nach Melanie Klein tritt das Kind von seiner Geburt an in Beziehung zu Objekten, die früh innerlich angenommen werden; schon am Ende des ersten Lebensjahres entwickelt sich der Ödipuskomplex, und das Überich beginnt sich herauszubilden; die aktuellen Liebesobjekte eines Kindes sind also bereits Vorstellungen der ursprünglichen Objekte; daher besteht die Möglichkeit einer Übertragungsneurose in einer Analyse, bei der der Analytiker grundsätzlich dieselbe Rolle spielt wie bei der Analyse von Erwachsenen.

Anna Freud näherte sich diesen technischen Vorstellungen, blieb aber dabei, daß es sich bei der Kinderanalyse zwar vielleicht um Übertragungen, nicht aber um eigentliche Übertragungsneurosen handeln könne. Der Analytiker kann jedoch heutzutage dank der Verbreitung pädagogischer und psychologischer Einsichten mehr und mehr auf seine erzieherische Rolle verzichten, und die Analyse der Anfangswiderstände ermöglicht eine Verkürzung der ersten Behandlungsphase, die in einigen Fällen sogar ganz wegfallen kann (1946). Diese Annäherung bezieht sich jedoch nicht auf die grundsätzlich verschiedene Auffassung von der ersten Entwicklung des Kindes.

Die Psychoanalyse bei den Psychosen

Die Psychosen und vor allem die Schizophrenien sind mit anderen Schwierigkeiten verbunden. Für Freud waren die Psychosen narzißtische Neurosen, das heißt sie stellen therapeutische Situationen dar, in denen es nicht oder nur in einer so ambivalenten oder negativen Form zur Übertragung kommt, daß eine psychoanalytische Behandlung unmöglich ist. Die fortschreitenden Kenntnisse auf diesem Gebiet haben jedoch gezeigt, daß die narzißtische Regression unvollständig erfolgt, daß das Ich und die Beziehungen zur Wirklichkeit nicht gänzlich beseitigt werden; auf diese Überreste muß sich der Psychoanalytiker stützen. Die Übertragung der kindlichen Konflikte ist möglich, aber labil; der Patient reagiert auf die Frustrationen, indem er sich von der Wirklichkeit und folglich von der Übertragung zurückzieht. Man kann diese Schwierigkeiten auf ganz verschiedene Weise angehen, ist sich jedoch darin einig, daß die Technik der üblichen Behandlung nicht ohne weiteres anwendbar ist.

Verschiedentlich wurde eine Behandlung in zwei Phasen vorgeschlagen: in einer ersten voranalytischen soll der Therapeut mit Hilfe außeranalytischer Mittel versuchen, auf der Basis einer positiven Übertragung den Kontakt mit der Wirklichkeit herzustellen und aufrechtzuerhalten sowie das Krankheitsbewußtsein und den Wunsch nach Heilung zu entwickeln. Wenn der Schizophrene dem Neurotiker ähnlicher geworden ist, kann man mit der zweiten, der eigentlichen analytischen Phase beginnen, wobei jedoch weiterhin berücksichtigt werden muß, daß der Patient dazu neigt, sich durch die Abkehr von der Wirklichkeit und durch die narzißtische Regression gegen die Frustration zu wehren.

Man hat auch andere Techniken in Erwägung gezogen: so haben etwa Rosen mit seiner »direkten Analyse« und M. Sechehaye mit der symbolischen Verwirklichung Erfolge und interessante Ergebnisse erzielt. Es ist wohl so, daß die therapeutische Forschung wirtschaftlich vorgehen und sich so wenig wie möglich von der Analyse entfernen sollte. Die Verteilung der Behandlung auf zwei Phasen geht auf ein analoges, bereits überholtes Stadium der Psychoanalyse von Kindern zurück. Man kann mit einer Psychoanalyse von vornherein beginnen, muß jedoch unter Umständen einen Dritten mit der Beaufsichtigung und Anleitung betrauen. Die Schwierigkeit ist nicht die fehlende Übertragung, sondern die Stärke der Übertragungsfolgen, die den Kranken entweder in Widerstand und Schweigen verharren lassen oder ihn durch die Maßlosigkeit der Emotionen und der Angst, der Phantasievorstellungen und Wahnideen und der impulsiven Handlungen überwältigen. Man muß also darauf achten, daß es zu keiner Übertragung kommt, mit der man mit psychoanalytischen Mitteln nicht fertig würde. Aus dieser Erwägung ergeben sich eine andere Anordnung der psychoanalytischen Umgebung (Analytiker und Analysand sehen einander an) und eine andere Handhabung der Deutung (Inhalt, Formulierung, Zeitpunkt). Dieselben Veränderungen der typischen

Behandlung sind angezeigt, wenn es um schwere neurotische Zustände geht oder eine therapeutische Blockierung eingetreten ist, die im Rahmen der normalen Behandlung nicht durchbrochen werden kann.

Die Psychoanalyse bei Kriminellen

Bei der psychoanalytischen Behandlung von Kriminellen sieht man sich vor besondere Schwierigkeiten gestellt. Zunächst entstehen äußere Schwierigkeiten durch ihre Situation selbst: sie werden angeklagt, in Haft gehalten, verurteilt; aber noch größer sind die inneren Schwierigkeiten, die sich durch die kriminelle Persönlichkeit ergeben: die Schwäche des Ichs mit zahlreichen Anzeichen von Unreife und Egozentrismus, die Anomalien des Überichs, das sich oft als archaisch und sadistisch erweist, die Tatsache, daß sich die Beziehungen zum Mitmenschen häufig nach der Art der erlittenen oder ausgeübten Gewalt entwickeln, die mangelnde Aufrichtigkeit, das fehlende Krankheitsbewußtsein und der fehlende Wunsch nach Heilung, der Widerwille gegen eine »Rückkehr zu sich selbst«, die Unbeständigkeit; all diese und noch einige andere Merkmale bewirken, daß sich der Kriminelle wenig für eine psychoanalytische Behandlung der üblichen Form eignet.

Trotz dieser Schwierigkeiten geben zahlreiche Versuche auf diesem Gebiet eine Vorstellung davon, was an der herkömmlichen Technik geändert werden müßte. Nach August Aichhorn hat Kurt Eissler diese Veränderungen dargelegt: er denkt an die Einführung einer präanalytischen Phase, die der eigentlichen Analyse vorangehen und eine positive Beziehung herstellen soll (1950). In dieser Phase muß der Psychoanalytiker etwa die Rolle eines allgewaltigen und wohlwollenden Wesens spielen.

Es scheint oft tatsächlich so zu sein, daß der Kriminelle in seiner Kindheit eine verheerende Erfahrung gemacht hat, und zwar in einer Situation, in der er von einem Menschen, der für ihn die Allgewalt verkörperte, Schutz und Hilfe erwartet hatte. Später schwankt er zwischen den Gefühlen der Allgewalt und denen der Unterlegenheit. Da er sich einer feindlichen Umwelt, die mit sofortiger Vernichtung droht, ausgeliefert glaubt, entgeht er der Panik durch aggressives Verhalten. In der Analyse läßt die Nichtwiederholung der traumatischen Erfahrung in ihm die Vorstellung von der Allgewalt und vom Wohlwollen des Psychoanalytikers entstehen; mit anderen Worten, er wird dazu fähig, einen Teil seiner »Allgewalt« auf den Analytiker zu übertragen, was ihm bei seinen Eltern und den Autoritäten niemals möglich war.

Der Analytiker, sagt Eissler weiterhin, muß in der Lage sein, den Kriminellen zu verblüffen, er muß ihm auf dem Gebiet der Wirklichkeit, deren Gültigkeit er anerkennt, Genugtuung verschaffen; er kann beispielsweise dem Patienten gelegentlich Geld geben. Es muß hinzugefügt werden, daß der Analytiker durch Beherrschung und Kaltblütigkeit die sado-masochistischen Strebungen des Patienten enttäuschen und frustrieren soll, indem er ihm jede Befriedigung versagt, die sich auf die ausgeübte oder erlittene Gewalt und auf die zahlreichen Formen, die sie annehmen kann, bezieht. Als Ergebnis erwartet man von dieser zugunsten der positiven Übertragung durchgeführten ersten Phase den Abbau der kriminellen Neigungen und das Ersetzen der Aggressivität durch die Angst. Der Patient, der jetzt soweit ist, daß er sich einer normalen Psychoanalyse unterziehen kann, wird im allgemeinen einem anderen Psychoanalytiker anvertraut, da es schwierig ist, eine Psychoanalyse mit einem Menschen zu beginnen, von dem man in der Vergangenheit soviel Befriedigung erhalten hat.

In der Behandlung von Kriminellen wird klar, daß die von Eissler vertretene präanalytische Phase zwar Anregungen aus der Psychoanalyse erhält, im Grunde aber mit außeranalytischen Mitteln arbeitet. Im Hinblick auf die Behandlung von Kindern wurde die Voraussetzung einer rein analytischen Technik umrissen. Unter den Psychosen gibt es neben den der Psychoanalyse beziehungsweise jeder Psychotherapie unzugänglichen therapeutischen Situationen Fälle, in denen eine Psychoanalyse mit mehr Erfolg durchgeführt werden kann als bei manchen Neurosen, solange die technischen Bedingungen nicht eine therapeutische Situation schaffen, die die Möglichkeit der Analyse selbst überschreitet. Man kann also von Varianten der üblichen Behandlung sprechen, die man von den Psychotherapien psychoanalytischer Prägung zu unterscheiden hat.

Von der Psychoanalyse zur Psychotherapie

Gemeinsamkeiten und Unterschiede

Psychotherapie ist eine Behandlung, die auf der persönlichen Beziehung zwischen dem Therapeuten und dem Patienten beruht. Eine Psychoanalyse ist also eine Psychotherapie. Es hat sich jedoch eingebürgert, zwischen Psychoanalyse und Psychotherapie zu unterscheiden. In den nichtanalytischen Psychotherapien wird die Beziehung Patient–Psychotherapeut zwar genutzt, sie wird aber nicht kontrolliert, geklärt und abgebaut. Bei der Psychoanalyse werden die Umwelt, die Rolle des Analytikers, seine Gegenübertragung überwacht; der Analytiker beschränkt sich darauf, bestimmte unbewußte Bedeutungen, besonders auf dem Gebiet der Übertragungsneurose, zu erhellen. Auf diese Weise ist es der Psychoanalyse gelungen, vieles über den Mechanismus der Psychotherapien auszusagen und verständlich zu machen; dank der Psychoanalyse wurden darüber hinaus weitgehende Kenntnisse über die psychischen oder physischen Störungen erworben, die die Kranken zum Psychotherapeuten führen. Allein die Psychoanalyse ist somit in der Lage, eine Theorie der Psychotherapien vorzuweisen, und bei verschiedenen psychotherapeutischen Methoden hat man versucht, die technischen und klinischen Erkenntnisse der Psychoanalyse zu verwenden.

Hypnose und Suggestion

Die Psychoanalyse hat sich über die Zwischenstufen der Katharsis und der Suggestion aus der Hypnose entwickelt. Freud hat vorausgesehen, daß man eines Tages auf diese früheren Methoden zurückkommen könnte, da es in der Praxis unmöglich ist, die Psychoanalyse bei allen Patienten, für die sie in Frage käme, durchzuführen. Freud hat überdies im Verlauf seiner beruflichen Tätigkeit nie aufgehört, sich mit der Hypnose und der Suggestion zu befassen, deren Abgrenzung zur Psychoanalyse ihm besonders am Herzen lag; dabei setzte er sich vor allem mit den Beziehungen zwischen Übertragung und Suggestion auseinander. Schließlich, als seine Ideen von der Struktur des psychischen Apparates voll ausgereift waren, entwickelte er eine Theorie der Hypnose und der Suggestion (1921).

Die Hypnose läßt sich mit der Liebe vergleichen: das Objekt, in diesem Fall der Hypnotiseur, tritt an die Stelle des Ich-Ideals; die elterliche, innerlich angenommene Autorität wird auf ihn projiziert; die Suggestion beruht nicht auf der Wahrnehmung oder einer Überlegung, sondern auf dieser erotischen Bindung, die jede sexuelle Befriedigung ausschließt, im Unterschied zur Liebe, bei der diese zumindest im Hintergrund als mögliches Ziel gegeben ist; der Wirklichkeitssinn wird unterdrückt, und der Hypnotisierte empfindet wie in einem Traum alles, was der Hypnotiseur fordert und versichert; die hypnotischen Vorgänge haben nur den Sinn, die bewußte Aufmerksamkeit zu fixieren; der Hypnotisierte überläßt sich einer Haltung, die ihm die Welt bedeutungslos erscheinen läßt; sein ganzes Interesse richtet sich, ohne daß er sich darüber klar wird, auf den Hypnotiseur, und zwischen ihm und dem Hypnotiseur entsteht eine Übertragungsbeziehung.

Wie Freud vorausgesagt hatte, erlebte die Hypnose einen neuen Aufschwung, vor allem in den angelsächsischen Ländern (Margaret Brenman, 1947). Unter der Bezeichnung Hypnoanalyse befaßte man sich mit einer Technik, die auf analytischer Basis die Hypnose einsetzt, um die vermuteten Widerstände aufzudecken; zwischen den hypnotischen Sitzungen fährt man mit der »Analyse« fort und verwendet dabei die im Zustand der Hypnose gemachten Beobachtungen. Es ist möglich, daß diese

Methode, wenn sie von einem erfahrenen Psychoanalytiker angewandt wird, zu Ergebnissen führt. Aber es handelt sich hier um eine nichtanalytische Methode, da der Hypnotiseur aktiv eine elterliche Übertragung herbeiführt, während der Psychoanalytiker es sorgfältig vermeidet, die durch den Patienten auf ihn projizierte elterliche Rolle zu übernehmen.

Das Problem der Kurztherapie

Das praktische Interesse an einer Verkürzung der psychoanalytischen Behandlung liegt auf der Hand. Die »Kurztherapie« besteht in der Anwendung psychoanalytischer Deutungen auf die vom Patienten mitgeteilten biographischen Schwierigkeiten und Ereignisse. Um eine ungefähre Vorstellung zu geben, läßt sich folgendes feststellen: die Behandlungsdauer kann zwischen drei und sechzig Sitzungen liegen, die in einem Abstand von einigen Tagen bis zu einigen Monaten abgehalten werden. Die Kurztherapie hat zu zahlreichen, manchmal überraschenden Erfolgen geführt, deren Dauerhaftigkeit jedoch nicht gewährleistet werden kann. Viel Geschick und Aufmerksamkeit gehören dazu, eine wirksame therapeutische Beziehung zu schaffen und zu kontrollieren. Die Kurztherapie sollte nur von sehr fähigen Analytikern durchgeführt werden und auch nur dann, wenn wegen äußerer Umstände eine reguläre Psychoanalyse nicht möglich ist.

Die analytische Therapie Alexanders stützt sich auf die »Flexibilitätsregel«: die »Standardanalyse« gilt als zu starr, um sich der Verschiedenheit der jeweiligen Fälle anpassen zu können. Alexander bezieht sich auf die Veränderungen der herkömmlichen Technik bei der Behandlung von Kindern (Anna Freud, 1926), Psychotikern und Kriminellen. Aber er weitet das Prinzip dieser Veränderungen, die Flexibilitätsregel, auf alle Fälle aus, auch auf die Psychoneurosen bei Erwachsenen und die psychosomatischen Erkrankungen. Für ihn geben die psychoanalytischen Kenntnisse die Möglichkeit, die therapeutischen Probleme von höherer Warte aus zu betrachten, »über ihnen zu schweben« und folglich eine »strategische« und nicht nur eine technische Haltung einzunehmen. Das wichtigste Mittel der

Analyse sei die Schaffung einer Atmosphäre, in der der Patient seine neurotischen Gewohnheiten dank einer »korrekten Erfahrung« ändern kann. Dieses Ziel könne sicherer, schneller und wirksamer erreicht werden, wenn der Psychoanalytiker seine spontanen Haltungen (Alexander nennt sie seine Gegenübertragung) durch bewußt angenommene Haltungen ersetzt (indem er beispielsweise die Rolle eines verständnisvollen Vaters übernimmt, wenn der pathogene Elternteil ein harter und autoritärer Mann war); die Übertragung soll also nicht nur in ihrem Ausmaß und in ihrer Intensität kontrolliert werden, sondern man soll sie sozusagen auslösen.

Alexander wirft der »Standardanalyse« vor, sie komme dem Abhängigkeitsbedürfnis des Patienten zu sehr entgegen und verlängere dadurch die Behandlungsdauer. Dieser Gefahr möchte er durch bestimmte Maßnahmen entgehen, vor allem sollen die Sitzungen weiter auseinander liegen und vorübergehend unterbrochen werden, damit der Patient sich besser über das Abhängigkeitsbedürfnis klar wird, das ihn zur Behandlung veranlaßt.

Die von Alexander empfohlenen Veränderungen sind allgemein von den Psychoanalytikern angegriffen worden. Die »Flexibilitätsregel« ist ein nicht zu bestreitender Grundsatz: natürlich ist die Behandlung für den Kranken da und nicht der Kranke für die Behandlung. Freud selbst empfiehlt eine gewisse Nachgiebigkeit bei der Anwendung der technischen »Regeln«. Die Frage ist nur, welche praktische Bedeutung man ihnen zumißt. Die meisten Psychoanalytiker würden zugeben, daß sie sich nicht bei allen Patienten gleich verhalten, wobei die Variationsbreite durch das Bewußtsein und die Kontrolle der Gegenübertragung begrenzt ist. Aber sie lehnen es ab, systematisch eine bestimmte Rolle zu übernehmen, da dies die Übertragung unter Umständen verfälschen und die Analyse der negativen Übertragung verhindern kann. Die Veränderung der Häufigkeit oder Dauer der Sitzungen sind außeranalytische Maßnahmen, obwohl zahlreiche Psychoanalytiker glauben, auf diese Mittel zurückgreifen zu müssen, indem sie zum Beispiel gegen Ende der Behandlung die Abstände zwischen den einzelnen Sitzungen vergrößern, um die Entwöhnung zu begünstigen. Größere Abstände zwischen den Sitzungen erschweren jedoch die Entwicklung und die Beobachtung der Übertragung; es wird schwieriger, die Deutungen zu berichtigen; letztlich ist es so, daß die so verstandene Flexibilitätsregel die Behandlung womöglich nicht anpassungsfähiger, sondern schematischer werden läßt, denn Deutungen, die sich auf weniger Fakten stützen, lassen der Hypothese mehr Raum. Folglich sind viele Psychoanalytiker der Meinung, daß es sich bei den von Alexander eingeführten Veränderungen um außeranalytische Vorgänge handelt, gleichgültig welche unmittelbaren therapeutischen Ergebnisse sich erzielen lassen.

In bestimmten Fällen mögen technische Veränderungen angezeigt sein, im übrigen sollte man sie jedoch auf ein Mindestmaß beschränken und soweit wie möglich nur mit der Deutung arbeiten. Für Alexander liegt dieser Auffassung eine zu dogmatische Vorstellung von der Psychoanalyse zugrunde. Seiner Meinung nach entfernt er sich nicht von der Psychoanalyse, wenn er sie zu einem wirksameren, emotionell bedeutsameren und wirtschaftlicheren Verfahren machen will. Die so erreichte Verkürzung der Behandlung ist nur ein Ergebnis, aber kein Ziel (1950).

Die Gruppentherapie

Die Gruppentherapie ist eine seit langem bekannte Therapie, die etwa während des Zweiten Weltkriegs aufkam. Für die Psychoanalytiker ist sie eine Methode, die mit der Übertragung arbeitet. Die Gruppentherapie unterscheidet sich darin, daß sie von einem Psychoanalytiker geleitet wird, der sich im allgemeinen auf analytische Deutungen beschränkt.

In der englischen Schule hat man versucht, ihr eine fest umrissene Form zu geben. Ezriel (1950) geht davon aus, daß jeder Patient eine im Verhältnis zu einem unbewußten Objekt unbewußte Spannung in die Gruppe bringt. Durch Einwirkung auf die anderen Mitglieder der Gruppe versucht der Patient, diese Spannung zu entladen. Der Unterschied zur individuellen Analyse besteht darin, daß die anderen Mitglieder der Gruppe reagieren, statt sich auf das Zuhören und Deuten zu beschränken. Auf Grund der Komplementarität der Bedürfnisse entsteht immer ein gemeinsames Gruppenproblem, das der Gruppe nicht bewußt ist, das aber ihr Verhalten bestimmt. Jedes Mitglied nimmt gegenüber dieser Gruppenspannung eine besondere

Haltung ein. Durch die Analyse kann nun die Art der jedem Patienten eigenen Abwehr gegen seine unbewußte beherrschende Spannung herausgearbeitet werden. Die sicherste Technik besteht in der ausschließlichen Verwendung von Übertragungsdeutungen, das heißt man beschäftigt sich bei der Deutung nur mit dem, was sich »hier und jetzt« in der Gruppe ereignet. Bestimmte starre Individuen verändern sich nicht; bei anderen tritt eine Besserung ein, ohne daß man von Heilung im analytischen Sinne sprechen könnte; in einigen Fällen beobachtet man erstaunliche und rasche Veränderungen.

Mag auch der Therapeut bei seiner Arbeit bemüht sein, analytisch zu bleiben, so ist es doch die Situation nicht, wenn man davon ausgeht, daß das Fehlen »realer« Beziehungen und die begrenzte Möglichkeit des Ausdrucks durch die Handlung Merkmale und Voraussetzungen einer echten analytischen Situation sind. Der Patient bringt im Kontakt mit einer wirklichen Gruppe aktiv seine Bedürfnisse zum Ausdruck, und er sieht sich Mitgliedern gegenüber, die aktiv reagieren. Die Produktion vorbewußten Materials in Gegenwart mehrerer Personen, die seinen Ausdruck erleichtern oder hemmen, geht als Experiment direkter vor und stimuliert um so mehr die Furcht, das Schuldgefühl und die Scham. Mit anderen Worten: die Rolle der Deutung geht zugunsten der Abreaktion zurück. Die Gruppentherapie hat wie die Kurztherapie ihre Berechtigung, wenn eine Psychoanalyse nicht durchführbar ist. Sie ist nicht angezeigt bei opponierenden, gehemmten oder starren Individuen, die selbst kaum etwas von dieser Behandlung haben und zudem den Zusammenhalt der Gruppe negativ beeinflussen.

Psychoanalyse und Psychodrama

Mit dem Begriff Psychodrama bezeichnet man die psychotherapeutischen Techniken, die die szenische Interpretation eines vorgegebenen Themas durch eine Gruppe von Kindern oder Erwachsenen verwenden, die mehr oder weniger ähnliche Störungen der Persönlichkeit und des Verhaltens aufweisen. Gewöhnlich nehmen die Psychotherapeuten an dem szenischen Spiel teil, das sie gleichzeitig lenken und deuten. Vom »freien« Ausdruck im szenischen Spiel und der Erfindung der Handlung her gesehen, ergeben sich Parallelen zur Psychoanalyse von Kindern.

Die bekannteste Form auf diesem Gebiet ist das Psychodrama von Moreno (Wien, 1921; USA, 1926). Sein wichtigstes Merkmal ist, wie Moreno angibt, die Handlungsfreiheit der Darsteller, ein Antrieb zur Spontaneität als Entsprechung zur Regel der freien Assoziation. Der Patient wählt seine Rolle und die seiner Mitspieler. Der Therapeut leitet das Spiel; anschließend bespricht und deutet er die gespielte Szene. Eine tiefergreifende Interpretation sieht im Psychodrama nicht nur einen Ausdruck durch die Handlung, sondern eine symbolische Kommunikation (Anzieu).

In Frankreich haben Psychoanalytiker eine Kombination von Gruppentherapie und Psychodrama ausgearbeitet (Diatkine, Dreyfuss-Moreau, Socarras, Kestemberg). Die Sitzungen werden von zwei Psychoanalytikern verschiedenen Geschlechts geleitet, die das Elternpaar darstellen. Die Patienten wählen die Themen und verteilen die Rollen. Die technische Funktion der Psychoanalytiker ist heikel: einerseits müssen sie anregen, andererseits dürfen sie nicht in das Spiel der Patienten eintreten. Diesen widersprüchlichen Anforderungen entsprechen zwei grundsätzliche Maßnahmen: man veranlaßt den Patienten anzugeben, was er vom Therapeuten erwartet, und verweigert es ihm; man tut, was der Patient will, erfüllt aber seine Wünsche so zögernd, daß eine immer beklemmendere Situation entsteht. Die Deutungen, die im allgemeinen am Ende der Sitzung gegeben werden, dürfen weder zu früh noch zu spät kommen: zu frühe Deutungen sterilisieren den dramatischen Ausdruck, zu späte bewirken, daß sich der Patient in die dramatische Handlung flüchtet und die Wirklichkeit durch die Fiktion ersetzt. Die schwierigste Hürde sind die Widerstände: Wiederholung von immer »realeren« Szenen, Verarmung des Spiels, Übergang zur Tat bei den Aggressiven, immer komplizierterer Symbolismus mit immer geringerem Gefühlswert.

Wie Ezriel sucht man auch hier ein Heilmittel in der Analyse der Übertragung dessen, was »hier und jetzt« geschieht. Es gibt keine wirkliche »Gruppenübertragung«, das heißt keine Übertragung »der Gruppe« oder »auf die Gruppe«, sondern eher Überlagerungen und Resonanzen individueller Übertragungen;

die Übertragungsphänomene konzentrieren sich auf die Analytiker mit den dieser Art Psychotherapie eigenen Wechselfolgen. Die Analytikergruppe bildet eine elterliche Struktur, die bei den Patienten eine Art kindliche und präsoziale Daseinsform schafft, die der archaischen Organisation der Neurose entspricht; was die Patienten untereinander verbindet, ist ihre Krankheit und ihre gemeinsame Situation den Therapeuten gegenüber.

Die Psychotherapie unter Narkose

Der Begriff »Narkoanalyse« bezeichnet einen therapeutischen Vorgang, der eine Art beschleunigte oder vorangetriebene Psychoanalyse bezweckt. Man verabreicht eine Droge, die durch Beseitigung bestimmter Kontrollfunktionen den Ausdruck von Tendenzen, Gefühlen und Erinnerungen ermöglicht, die sich sonst nicht äußern würden.

In gewisser Hinsicht ist diese Technik so alt wie die Menschheit. Im Zweiten Weltkrieg wurde sie von amerikanischen Ärzten angewandt, um traumatische Kriegsneurosen zu beheben. Ziel der Methode ist es, zu den tiefsten vorbewußten Schichten vorzudringen und die Gefühle zu befreien, die die Abwehr motivieren. Zwischen den Narkosen kann die Psychotherapie auf der Basis der während der Narkose gesammelten Indikationen fortgeführt werden. Die Verabreichung von Drogen, ob sie nun von dem Psychotherapeuten vorgenommen wird oder nicht, läßt keine psychoanalytische Situation entstehen. Die Klärung der Widerstände und der Übertragung ist noch schwieriger als bei der Hypnoanalyse. Es geht hier vielmehr um eine, wie Glover es ausdrückt, »kontrollierte Narkotherapie«.

Diese Methode wird mit Erfolg bei durch Traumata und Gefühlsschocks ausgelösten Neurosen angewandt, die bis zu einem pathologischen Grad die kindlichen Traumata aktiviert und die Abwehrreaktionen in Bewegung gesetzt haben. In allen anderen Fällen geht es um nicht viel mehr als um ein Erforschen unter künstlichen Voraussetzungen, und die erzielten Ergebnisse sind für die Psychoanalyse nicht verwertbar; die Analyse des Ichs und seiner Abwehrreaktionen bleibt unerledigt. Sehr oft sind die »Narkoanalytiker« übrigens keine Psychoanalytiker.

Die psychoanalytische Forschung

Bei der psychoanalytischen Behandlung ist die Forschung von der Therapie nicht zu trennen. Das soll nicht heißen, daß die Psychoanalyse eine Behandlung durch Forschung ist; die Fortschritte der Selbsterkenntnis sind zugleich Mittel, Zeichen und Festigung der Veränderungen, die im Verlauf einer erlebten Erfahrung, der Beziehung zum Psychoanalytiker, vor sich gehen. Die Rolle des Psychoanalytikers ist eine therapeutische. So gesehen ist die Forschung nur ein Mittel, und die wissenschaftlichen Resultate sind lediglich Nebenprodukte.

Das psychoanalytische Feld

Für den Laien zeigt die psychoanalytische Methode Ähnlichkeiten mit der experimentellen. Damit die Übertragung in ganz reiner Form erfolgt, werden für den Analysierten künstliche, kontrollierte und gleichbleibende Bedingungen geschaffen: Häufigkeit, Dauer und Uhrzeit der Sitzungen ändern sich nicht; die Umgebung, die Rolle und die Haltung des Psychoanalytikers wechseln so wenig wie möglich; unter diesen Voraussetzungen kann die Einführung einer Deutung mit der einer unabhängigen Variablen verglichen werden, deren Auswirkungen man verfolgt. Aber das ist nur der Idealfall: Veränderungen können unvorhergesehen auftauchen; die Reaktion des Patienten richtet sich im allgemeinen nach den Tendenzen, die im Augenblick in ihm vorherrschend sind; er interpretiert die Veränderungen beispielsweise als Erfahrungen des Psychoanalytikers. Zwischenfälle dieser Art ereignen sich ebenfalls beim Experimentieren. Man kann den Vergleich noch weiter ausführen: die Verfeinerung des psychologischen Experiments hat bewirkt, daß Faktoren, die man lange Zeit als unwichtig betrachtet hatte, berücksichtigt werden, etwa die Umgebung des Versuchstiers oder die Person des Experimentators; es ist übrigens wahrscheinlich, daß die Psychoanalyse eine Rolle bei diesen Überlegungen gespielt hat. In der Psychoanalyse hat man frühzeitig die Bedeutung der Gegenübertragung erkannt, das heißt die Tatsache, daß sich der Psychoanalytiker nicht nur auf das Zuhören und Deuten beschränkt, sondern daß er persönliche, intellektuelle wie emotionelle, bewußte wie vor- und unbewußte Reaktionen entwickelt.

Die Gegenübertragung ist unvermeidlich und kein Fehler der Technik; sie kann etwas über die entsprechenden Dispositionen des Patienten aussagen; ein Fehler ist es allerdings, wenn man sie verkennt und aktiviert. Daher muß sie durch die Analyse des Analytikers und, in Fortführung, durch die Selbstanalyse überwacht werden. Es gibt erst verhältnismäßig wenig Arbeiten über die Gegenübertragung; hier liegt eine der Richtungen, in der die technische Forschung ganz besonders aktiv vorgeht. Ihre Bedeutung führt dahin, daß man sich das psychoanalytische Feld anders vorzustellen hat als eins der Beobachtung, in dem ein außenstehender Psychoanalytiker den Status eines unbeteiligten Beobachters einnimmt; es ist vielmehr »das Feld der Wechselwirkungen zwischen Psychoanalysand und Psychoanalytiker«.

Das analytische Material

Die Grundregel richtet die Aufmerksamkeit auf das Aussprechen freier Gedankenassoziationen, das heißt all dessen, was der Patient denkt und fühlt, ohne bewußt etwas Bestimmtes zu wählen oder auszulassen; eine unbeabsichtigte und unbewußte Kontrolle tritt an die Stelle der beabsichtigten und bewußten und ist das eigentliche Ziel der analytischen Beobachtung. Der Patient spricht von seinen Symptomen, seinen Schwierigkeiten, seinen Erinnerungen, seiner Zukunft, seinem täglichen Leben, seinen Träumen, seiner Behandlung und von seiner Beziehung zum Psychoanalytiker. Die unbewußte Auswahl und Reihen-

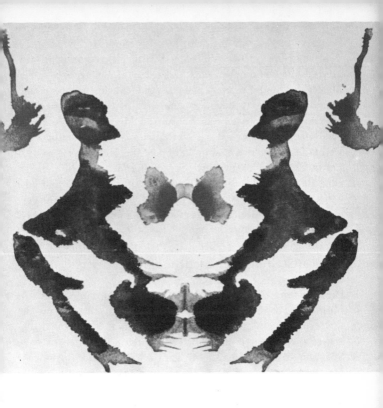

Der Rohrschach-Test gehört zu den bekanntesten Hilfsmitteln der angewandten Psychologie.

folge der Themen sind nur ein Teil des Materials; der Sinn der Worte verbindet sich mit dem Stil, dem Ausdruck, der Sprechweise, und die verbale Äußerung wird begleitet von dem Mienenspiel, den Haltungen und Gebärden, den innerorganischen Reaktionen und Empfindungen sowie den vor, während und nach der Sitzung angedeuteten und erfüllten Handlungen. Daher sagt man, daß das psychoanalytische Material das Verhalten des Patienten ist, wobei das Verhalten als die Gesamtheit der Verbindungen und Kommunikationen mit der Umwelt zu verstehen ist, deren bevorzugter Sektor die Geschehnisse der Sitzung darstellen. Die »freien Gedankenassoziationen« sind eine Folge symbolischer Annäherungs- und Fluchtversuche in Verbindung mit der Beziehung des Patienten zum Psychoanalytiker.

Die Entstehung der Deutung

Die Deutung ist der psychoanalytische Akt schlechthin. In Form der Forschung entdeckt der Psychoanalytiker in ihr die Bedeutung des Materials, das heißt den Sinn der Verhaltensweisen des Patienten, deren Bedeutung darin liegt, daß sie seine Spannungen vermindern und seinen Möglichkeiten Ausdruck verleihen. Wenn sich zum Beispiel ein männlicher Patient an einen männlichen Psychoanalytiker wendet und von einer Beziehung »von Mann zu Mann« spricht und nach einiger Zeit hinzufügt »oder zwischen einer Frau und einem Mann«, dann ergibt sich, daß er die homosexuellen Hintergedanken seines ersten Satzes, indem er sie fernhalten wollte, ausgesprochen hat. Im allgemeinen spricht man von Deutung, wenn bestimmte bekannte Beziehungen, die die Bedeutung von Regeln erhalten, auf tatsächliche Gegebenheiten angewendet werden. Ebenso verhält es sich mit der Psychoanalyse: die tatsächlichen Gegebenheiten sind das »psychoanalytische Material«. Die Regeln der Deutung sind das Resultat der psychologischen Kenntnis, die der Psychoanalytiker durch seine Lebenserfahrung und Bildung, durch Selbstanalyse, durch das Studium der Psychoanalyse und durch persönlich durchgeführte Analysen erworben hat.
Man hat viel darüber diskutiert, welche Bedeutung jeweils der Intuition und dem logischen Denken zukommt und zukommen

muß. Die einen sind der Ansicht, daß die analytische Deutung aus dem Unbewußten des Psychoanalytikers und seiner Identifizierung mit dem Patienten hervorgeht, man könnte hier von einem »dritten Ohr« (Reik) sprechen; für die anderen sind die Logik, das diskursive Denken, die Strategie und nicht nur die Taktik von größerer Bedeutung (Reich). Die Auseinandersetzung scheint heute überholt (Kris). Es ist zum Teil eine Frage der Situation: manchmal kann sich die Deutung spontan durch Gedankenassoziation, schrittweise oder unvermittelt, aus einem Detail ergeben; manchmal geht man diskursiver vor, indem man etwa systematisch eine Sitzung mit einer anderen verbindet.

Die fortschreitenden Erkenntnisse haben die Möglichkeiten der Vorausschau erweitert, aber in der eigentlichen analytischen Arbeit bleibt die Bedeutung der vorbewußten Prozesse erheblich; hier liegt die Quelle bestimmter Deutungen, die sich unvermittelt und zahlreich einstellen und einen Beweis für die Spontaneität des Psychoanalytikers bilden; diese vorbewußten Prozesse gehen ebenfalls in die Formulierung ein: ein geändertes Wort und eine besondere Form der Beurteilung können eine richtige Deutung annehmbar machen. Die Gegenübertragung darf nicht übersehen werden. Es genügt nicht, sie zu erkennen und zu kontrollieren; eine gefühlsbedingte Reaktion kann dem Psychoanalytiker Aufschluß über die Einstellung des Patienten geben: ist der Therapeut enttäuscht, daß seine Bemühungen verkannt werden, besteht durchaus die Möglichkeit, daß der Patient diese Bemühungen weder anerkennen noch annehmen will.

Die Gültigkeit der Deutung

Wie ein weitverbreitetes Vorurteil besagt, zwingt die analytische Forschungsmethode die Kommunikationen des Patienten in fertige Schemata. Dieses Vorurteil ist nicht gerechtfertigt. Wie jede Deutung wendet auch die analytische Beziehungen, die durch eine »Kenntnis der Dinge« begründet sind, auf die vorgegebenen Tatsachen an, aber in ganz bestimmter Art und Weise; eine allgemeine Deutung ist ohne therapeutische Wirkung und ohne logischen Wert. Außerdem würde die ständig gleichbleibende Anwendung bekannter Beziehungen die Entdeckung von neuen unmöglich machen; und doch gibt es sie. Hinzu kommt, daß die Beweisführung von bestimmten Kriterien abhängt, die sowohl für die Psychoanalyse als auch für die klinische Untersuchung gelten; der Grad der Gewißheit richtet sich nach der Fülle und Verschiedenartigkeit der Fakten (Kriterium der Information) und nach dem hergestellten Bezug zwischen diesen Fakten und der als Ganzes erfaßten, konkreten Person, die im Ablauf ihrer Geschichte und in der Gesamtheit ihrer Beziehungen zur Umwelt gesehen wird (Kriterium der inneren Schlüssigkeit der Hypothesen); schließlich ist die Deutung am wahrscheinlichsten, die bei einem Minimum an Hypothesen ein Maximum an Fakten berücksichtigt (Kriterium der Ökonomie). Der Unterschied zur klinischen Methode besteht darin, daß die Deutung in Form einer unabhängigen Variablen in die Entwicklung der analytischen Situation eingreift, und diese Entwicklung ist der Ansatzpunkt der spezifisch analytischen Kriterien.

Eine grundfalsche, übrigens schwer zu gebende Deutung läßt den Patienten völlig gleichgültig oder hat lediglich eine suggestive Wirkung in bezug auf die Übertragung. Häufiger kommt es vor, daß eine Deutung unrichtig ist, weil sie nur teilweise zutrifft. Ein typisches Beispiel ist die Deutung, die sofort eine unbewußte Tendenz darlegt und dabei die Umformung dieser Tendenz durch die Ich-Abwehr und den Wirklichkeitsbezug übersieht; eine solche Deutung kann eine starke Furcht und die Verdrängung auslösen. Die Kriterien der richtigen Deutung wurden sorgfältig und in allen Einzelheiten von verschiedenen Autoren zusammengestellt (Suzan Isaac, 1939); sie laufen auf die Tatsache hinaus, daß eine angemessene Deutung positive Auswirkungen auf das analytische Verhalten des Patienten zeigt: Verminderung der Angst und der in Verbindung mit den behandelten Problemen ausgelösten Abwehrreaktionen, Beitrag neuer Gegebenheiten, Korrektur der auf den Analytiker projizierten Übertragung, Entstehung neuer Probleme, die sich im Zusammenhang mit den vorhergehenden ergeben, Wiederaufleben der Angst und des Widerstands. Diese Prinzipien gelten sowohl für die Deutungen der Gegenwart als auch für die »Konstruktionen«, die sich auf die Vergangenheit beziehen.

Psychoanalyse und Humanwissenschaften

Unter den medizinischen Disziplinen bestehen nur bei der Psychoanalyse weitreichende Verbindungen zu den Humanwissenschaften, und sie kann auf diesem Gebiet eine ebenso große Rolle spielen wie auf dem Gebiet der Psychiatrie (Freud, 1922). Freud hat einen Teil seines Werks der »angewandten Psychoanalyse« gewidmet, und sie stellt heutzutage ein Fünftel der psychoanalytischen Arbeit dar. Ihr Bereich ist noch größer, wenn man den direkten und indirekten Einfluß der Psychoanalyse berücksichtigt. Die Psychoanalyse findet auch auf nichtmedizinischen Bereichen Anwendung, zum Beispiel in der Pädagogik; die angewandte Psychoanalyse besteht vor allem in der Verarbeitung der psychoanalytischen Begriffe im Rahmen der Humanwissenschaften, und zwar ohne Berücksichtigung der eigentlichen psychoanalytischen Untersuchungen und des gesamten Materials, das eine Psychoanalyse ergibt.

Freud selbst hat die psychoanalytische Theorie auf die Literatur, die Kunst, die Religion, die Mythologie, die Volkskunde und die Soziologie angewandt. In seinem Werk »Totem und Tabu« rekonstruiert er an Hand des Ödipuskomplexes die Ursprünge des sozialen Lebens und der Religion: eines Tages haben sich die Brüder, ambivalent gegenüber dem Vater, den sie zugleich bewundern und hassen, aufgelehnt und ihn vernichtet; das Verbot, das Totem zu töten, entspringt ihrem Schuldgefühl und dem Bedürfnis, sich mit dem Vater zu versöhnen; das Inzestverbot hat die sexuelle Rivalität zwischen den Brüdern und die brudermörderischen Tendenzen neutralisiert; aber ihre innere Haltung ist dem Vater gegenüber ambivalent geblieben, und mit der Einrichtung des Totemmahls ruft man sich den einstmals über ihn errungenen Sieg wieder ins Gedächtnis zurück. So lassen sich mit Hilfe des Ödipuskomplexes der Totemkult und die Exogamie in einer Erklärung zusammenfassen.

Die Deutung der religiösen Phänomene, die vor allem auf der Grundlage der jüdisch-christlichen Tradition aufbaut, konzentriert sich auf den Ödipuskomplex. Die Anschauungen Freuds sind auf die Beziehungen zum Vater ausgerichtet. Später hat sich das Interesse auf die Beziehung zur Mutter verlagert. Die Riten, vor allem die Einweihungsriten, bringen die Darstellung ödipaler Probleme und magischer Mittel, der Furcht vor dem Tod zu entgehen.

Die Erforschung der Mythen und der Volkskunde hat die analytische Theorie eher verwandt als erprobt. Man stützte sich vor allem auf die herkömmlichen Theorien, die Triebtheorie und den Ödipuskomplex. Die allgemeine Verbreitung und Allgegenwart der Mythen wird auf einen biologischen Faktor, die fortgesetzte Abhängigkeit des Menschen, zurückgeführt. Der Mythos ist der Versuch, mit einer alltäglichen angsterregenden Situation fertig zu werden, indem man sie in die Vergangenheit verlegt (Roheim). Verschiedene Arbeiten haben die Bedeutung der präödipalen Mutter und der angstvollen Faszination einer grausamen Mutter, die ihre Kinder verschlingt, besonders herausgestellt.

Der Einfluß der Psychoanalyse auf die Kulturanthropologie war bemerkenswert. So ist bei der Untersuchung der einzelnen Kulturen die Art, wie die Kinder aufgezogen und erzogen werden, zu einem wichtigen Annäherungsfaktor geworden. Aber die Kulturanthropologie hat sich nicht auf die Verwendung der psychoanalytischen Theorie beschränkt; sie hat bestimmte Begriffe begrenzt und abgeändert, etwa die These vom allgemeinen Auftreten der Latenzperiode. Die berühmtesten Auseinandersetzungen haben zum Thema der Allgemeingültigkeit des Ödipuskomplexes stattgefunden, die von Freud vertreten und von Malinowski angegriffen wurde, der sich auf den Umstand der matriarchalischen Gesellschaften berief, eine Auffassung, die von Roheim aufgenommen wird, der hier eine allgemein biologische Tatsache sieht: wenn wir Kinder sind, wollen wir erwachsen sein, und wenn wir erwachsen sind, wollen wir Kinder sein.

Schwieriger ist die Anwendung der psychoanalytischen Theorie auf dem Gebiet der Soziologie, großenteils wegen der unpersönlichen und statistischen Form der Gegebenheiten. Und doch war der Einfluß der Psychoanalyse hier ganz erheblich, vor allem in der Sozialpsychologie mit ihren Untersuchungen der Sozialisierung des einzelnen, des Verhaltens in der Gruppe, der Gruppendynamik und bestimmter kollektiver Phänomene. Die Entwicklung der Psychologie des Ichs und eine schärfere Abgrenzung der besonderen Problematik, in der Industriepsychologie zum Beispiel, haben die sozialpsychologische Arbeit erleichtert. Eine weitere Strömung zeichnet sich ab, in der psychoanalytisch interessante Probleme wie die Identifizierung und die soziale Bedeutung soziologisch angegangen werden. Zahlreiche wichtige Arbeiten haben sich mit der Auswirkung kultureller und sozialer Faktoren auf die psychoanalytische Behandlung befaßt und in ihren Beiträgen, wenn auch nicht grundsätzlich Neues, so doch interessante Feinheiten herausgearbeitet.

Die Psychologie hat sich spät, aber weit dem Einfluß der Psychoanalyse geöffnet, vor allem bei der Untersuchung der Persönlichkeit (projektive Tests); Psychologen haben die psychoanalytischen Thesen auf die Probe gestellt (Sears, Rapaport, H. O. Mowrer); Psychoanalytiker haben Untersuchungen auf dem Gebiet der Kinderpsychologie angestellt (Spitz). Mit den ersten Arbeiten von R. de Saussure fand die Kinderpsychologie Eingang in die Psychoanalyse; ein noch weiterer Vorstoß wurde durch die Ausrichtung der Psychoanalyse auf das Ich begünstigt (Hartmann). Berührungspunkte und eine teilweise Durchdringung sind also möglich, eine Verschmelzung ist jedoch ausgeschlossen, da die Ziele, die Methoden und das Wesen der Phänomene nicht zu begleichende Unterschiede aufweisen.

Die Anwendung der Psychoanalyse bei psychologischen und sozialen Untersuchungen wirft Probleme der Methodik auf.

Die Verwendung psychoanalytischer Begriffe bedeutet keine psychopathologische Herabsetzung und keine Entwertung des menschlichen Lebens und Wirkens. Die Traumanalyse zeigt, daß die als pathogen bekannten Mechanismen auch beim gesunden Menschen auftreten (Freud).

Die bei einem Individuum aufgedeckten psychologischen Beziehungen können nicht auf Gruppen und Gemeinschaften übertragen werden, anderseits sind die Umstände einer Entdeckung nicht immer ausschlaggebend für ihr Wesen. Es besteht eine erstaunliche Übereinstimmung zwischen den Entdeckungen Freuds und Abrahams hinsichtlich der Trauer und den Untersuchungen des Soziologen Robert Hertz zur Todesvorstellung bei den primitiven Völkern (Lagache, 1938). Darüber hinaus sind die psychoanalytische Theorie und Technik alles andere als die Psychologie des alleinstehenden Menschen.

Es stimmt allerdings, daß die Übertragung eines psychoanalytischen Begriffs an sich wertlos ist. Die Psychoanalyse kann eine Arbeitshypothese aufstellen; ob diese Hypothese richtig ist, läßt sich nur an Hand der besonderen Gegebenheiten und Methoden des Anwendungsbereichs feststellen. Außerdem ist die angebotene Erklärung im allgemeinen nicht erschöpfend und muß unabhängigen biologischen, historischen, soziologischen, ökonomischen, kulturellen Faktoren zugeordnet werden. Die angewandte Psychoanalyse verlangt im Grunde eine doppelte Kapazität, die Vertrautheit mit der Psychoanalyse und dem Anwendungsbereich, und der Psychoanalytiker, der sich als Soziologe versucht, oder der Kunstkritiker, der den Psychoanalytiker spielen will, sind gleichermaßen ungeeignet.

Es ist verständlich, daß sich die Psychoanalyse derart stark verbreitet hat und in die Humanwissenschaften eingegangen ist. Das psychoanalytische Material erfaßt den ganzen Menschen, den Ablauf seiner Geschichte und die Gesamtheit seiner Beziehungen zu seiner Umwelt und der Verschiedenartigkeit ihrer Objekte. Die Technik, die Vorstellung von einer Persönlichkeit, ihrer Geschichte, ihrer Struktur und ihrem Verhalten stellt beständig die Frage nach den zwischenmenschlichen Beziehungen. Vor allem ist die Psychoanalyse praktisch die einzige Methode zur Untersuchung unbewußter Vorgänge. Eine Erneuerung und Erweiterung der psychoanalytischen Theorie erfolgte, als die Tiefenpsychologie der Triebe überwunden und durch die Psychologie des Ichs und die Abwehrmechanismen ergänzt wurde. Die jüngsten Entwicklungen der Theorie der Objektbeziehungen und der Kommunikation ergaben mehr und mehr sinnvolle Ansatzpunkte für die Arbeit auf dem Gebiet der angewandten Psychoanalyse.

Psychoanalyse und Moral

Die moralischen Werte und Normen sind ein Teil der sozialen Wirklichkeit. Als anthropologische Disziplin kann die Psychoanalyse sie nicht umgehen. Der Psychoanalytiker behandelt Patienten, die mit moralischen Problemen und dem neurotischen Schuldgefühl zu ihm kommen. Die Sublimierung wird als glücklicher Ausweg aus dem unbewußten Konflikt betrachtet. All dies wirft die Frage auf, wie Psychoanalyse und Moral sich zueinander verhalten. Man hat der Psychoanalyse den Vorwurf gemacht, amoralisch, ja unmoralisch zu sein und die Behandlung nicht durch ein auf sittliche Besserung hinwirkendes Eingreifen zu vervollständigen. Von anderer Seite wird ihr vorgehalten, sie verberge eine versteckte Moral.

Der Anschuldigung, unmoralisch zu sein, liegt ein Mißverständnis zugrunde. Allen Äußerungen des Patienten gegenüber muß sich der Psychoanalytiker rezeptiv verhalten, er darf keine Mißbilligung zeigen. Aufgabe der Deutung ist es, die Abwehrreaktionen des Ichs und das neurotische Schuldgefühl zu vermindern. Ein Teilziel der Behandlung ist eine gewisse Freisetzung sexueller und aggressiver Tendenzen.

Nun muß aber zwischen dem neurotischen und dem in der Wirklichkeit begründeten Schuldgefühl unterschieden werden. Unordnung und Zügellosigkeit bringen zum Ausdruck, daß sich das Individuum entfremdet und ein narzißtisches Ideal der Allgewalt angenommen hat. Beim Menschen fällt es nicht den Trieben, sondern dem Ich zu, die Anpassung an die Wirklichkeit zu vollziehen. Hier ist eine der Voraussetzungen erfüllt, die den Psychoanalytiker veranlassen kann und muß, von der Abstinenzregel Gebrauch zu machen; ein solches Einwirken ist therapeutisch und zielt nicht auf sittliche Besserung.

Es trifft ebenfalls zu, daß die psychoanalytische Behandlung wie jedes menschliche Werk, die Wahrheitssuche der Wissenschaft eingeschlossen, ein bestimmtes, ihr eigenes Wertsystem hat. Die gemeinsame Erforschung der Wahrheit ist in der Behandlung eine der treibenden Kräfte, und die Grundregel setzt die Aufrichtigkeit des Patienten als fundamentale Bedingung voraus. Die Behandlung geht von einer bestimmten Vorstellung von der seelischen Gesundheit aus, sie bezweckt die Überwindung der durch das Es und das Überich ausgeübten Zwänge und die mit einer Stärkung des Ichs verbundene Förderung der Vernunft und der Urteilskraft. In bezug auf die soziale Umgebung heißt das, daß weder ein übertriebener Konformismus noch ein Übermaß an destruktiven Tendenzen normativ sind; es ist anzunehmen, daß die normale Funktion der Persönlichkeit Kompromisse zwischen den konservativen und schöpferischen Kräften der Gesellschaft verlangt, denn die Wirklichkeit erkennen und sich ihr anpassen heißt nicht, sie passiv hinzunehmen und auf ihre Veränderung zu verzichten.

Ohne als Moralpredigt gelten zu wollen, ist eine psychoanalytische Behandlung doch in vieler Hinsicht eine »moralische Erfahrung«, deren Lehren eine Form der Lebenskunst und Weisheit vermitteln.

Register

125

humboldt DIE REIHE, DIE ZUR SACHE KOMMT.

Die aktuellen, illustrierten und praktischen Humboldt-Taschenbücher bieten in 6 Themengruppen ein umfassendes Programm:
ht-praktische ratgeber, ht-kochen, ht-freizeit-hobby-quiz, ht-sport, ht-sprachen, ht-moderne information.
Eine Auswahl der Titel stellen wir Ihnen vor. Bandnummer in Klammer.

ht-kochen

ht-sport

ht-moderne information

HUMBOLDT-TASCHENBUCHVERLAG · MÜNCHEN